EY新日本有限責任監査法人【編】

業種別
不正パターンと
実務対応
100社事例分析

中央経済社

はじめに

　時には大胆に伝票1本で，時には小さな金額を繰り返し何年も，時には取引先を巻き込んで大規模に，時には自分ひとりで巧妙かつ密かに……それは一旦手を染めると止めることができず，やがて大きな損失の輪に広がっていく。不正は人間の弱さの証しであり，どんな組織でも発生しうる。

　不正は組織に大きな損失を与えると同時に，実行者の人生を破壊する。そのような悲劇を招かないように，企業経営者は不正の機会を少なくし，小さな段階で見つけられるよう内部統制の仕組みを作る社会的責務がある。

　一方，監査人は不正の機会がどこにあるかについて，感覚を磨き，捉え，企業経営者に対し改善を促す存在でなければならない。ローマ時代，審議官が属州長の納税報告を聞き，その内容や声色，しぐさから虚偽報告の有無を判定したのが監査の始まりという説がある。私たちはローマの審議官の鋭さを忘れてはならない。IT化が進めば進むほどヒューマンな部分を失ってはならない。

天網恢恢，疎にして漏らさず

（天の網は遍く行きわたっており，目は粗いが，決して悪事を取り逃すことはない。『老子』より）

　本書は，制度監査において求められている監査手続の網羅的な解説を企図していない。内部統制の弱点に焦点を合わせ，不正の機会がどこにあるかについて考察を行い，ピンポイントで不正発見のための目のつけ所を提案し，同時に不正防止のための内部統制構築上のツボを明示しようとするものである。100社の不正事例を収集・分析し，5つの業種ごとに経営管理の特徴，発生しやすい不正のパターンを考察し，それぞれ対応できるように工夫している。

　あわせてDA（データ・アナリティクス）による異常点分析の手法を示し，不正発見のためのアプローチについても考察している。

天網に迫るには，まだまだ最初の一歩にすぎないが，俯瞰的にまず不正の機会の所在に目星をつけ，内部統制の構築や効果的な監査実施のヒントになればこの上ない喜びである。

2019年5月

執筆者一同

本書の目的・趣旨

　本書は，不正経理の事例収集・分析を通じて不正事例の類型化を行い，一定の不正パターンを示し，内部統制構築のポイント及び監査上の要点を例示することを目的としている。売上高や売掛金，商品といった各勘定科目に対し監査基準等で定められている監査手続を網羅的に示したものではなく，あくまでも不正パターンに即して効果的と思われる手続やポイントを示したものである。本書の趣旨は以下のとおりである。

1）不正経理は業種あるいは事業内容によってパターンがあるため，不正事例の収集・分析を通じて一定の類型化を行う。

2）業種別に不正経理の手口（不正シナリオ）を考察するとともに，「事例研究」において，システム統制を含む内部統制改善のためのポイントおよび監査の着眼点をまとめる。

3）不正経理に対応した具体的な監査手続を示し，IT を活用した異常点監査の手法の開発に資する。

▶▶目　次

はじめに

本書の目的・趣旨

第1章　不正はなくならない！　　　　　　　　　　　　1

1 経理不正の最近の動向 ································· 1

2 不正リスク要因 ·································· 2

3 内部統制 ···································· 3

(1) 内部統制の定義 ······························· 3

(2) 内部統制の構成要素 ··························· 3

4 不正経理の発生領域 ······················· 7

5 不正経理の手口 ··························· 9

(1) 自己決裁 ································· 9

┃事例1┃　仮払金を自己決裁　9

(2) 架空取引 ································· 9

┃事例2┃　架空仕入による代金着服　10

(3) 循環取引 ································ 10

┃事例3┃　滞留商品を循環取引　11

(4) 資産過大計上 ····························· 12

┃事例4┃　固定資産の減損処理を回避　12

(5) 簿外債務 ································ 14

┃事例5┃　子会社経理部長による銀行当座借越資金の着服　14

(6) 原価付替 ································ 14

┃事例6┃ 出張所所長による原価付替　15

(7) 在庫横領 ……………………………………………………………… 15

┃事例7┃ 子会社会長による在庫横領　15

(8) その他 …………………………………………………………………… 16

┃事例8┃ 子会社経理担当者による現金着服　16

┃事例9┃ 不採算関係会社の連結除外　16

6 不正経理発覚時の実務対応 ………………………………………………… 22

7 上場企業で不正経理が発覚した場合の関係者の責任 ……… 24

(1) 取締役の責任 …………………………………………………………… 24

(2) 監査役の責任 …………………………………………………………… 25

(3) 会計監査人の責任 ……………………………………………………… 26

(4) 会社の責任 ……………………………………………………………… 27

第2章 100社の不正事例分析　　29

1 はじめに ………………………………………………………………………… 29

2 100社事例分析 ……………………………………………………………… 31

3 業種別分類 …………………………………………………………………… 33

4 事業類型別分類 ……………………………………………………………… 35

(1) 全体分析 ………………………………………………………………… 35

(2) 会計不正の手口別に細分化 ………………………………………… 36

5 発生場所別分類 ……………………………………………………………… 38

(1) 全体分析 ………………………………………………………………… 38

(2) 会計不正の手口別に細分化 ………………………………………… 38

┃事例1┃ 子会社社長のケース　39

6 職階別分類 …………………………………………………………………… 40

(1) 全体分析 ………………………………………………………………… 40

▶▶目　次　**3**

⑵　動機別に細分化 ··· 40

　　┃事例2┃　減損回避のケース　41

7　金額規模別分類 ·· 42

⑴　全体分析 ··· 42

⑵　「勘定科目属性別」に細分化 ·· 42

　　┃事例3┃　循環取引で巨額の影響額が発生したケース　43

⑶　「職階」別に分析 ··· 44

第3章　業種・事業別の不正パターン　45

1　製 造 業 ··· 45

1　経営管理上の特徴 ·· 47

2　どのような不正が起こりやすいか ·· 49

⑴　典型的な不正経理パターン①

　　在庫の過大評価 ··· 49

　　┃事例1┃　特定の担当者が期末棚卸資産在庫の数量や単価を
　　　　　　　　調整　49

⑵　典型的な不正経理パターン②

　　自己決裁，架空経費計上と流出資金の着服 ······························ 49

　　┃事例2┃　発注と検収　50

⑶　典型的な不正経理パターン③

　　会社の非中核事業や子会社で実施される原価付替および

　　循環取引 ·· 52

　　┃事例3┃　親会社は製造業，子会社は販売会社である場合　52

3　事例研究　子会社が黒字決算報告をするため在庫操作！ ············ 53

⑴　事例概要 ··· 53

⑵　会社はどのような内部体制を構築すべきか ······························ 54

(3) 会計監査人の不正対応の着眼点はどこか？ ………………… 55

4　監査のポイント（詳細）…………………………………………… 56

2　請 負 業……………………………………………………………… 59

1　経営管理上の特徴 ………………………………………………… 59

2　どのような不正が起こりやすいか……………………………… 61

(1) 典型的な不正経理パターン①
原価付替………………………………………………………… 61

▎事例１▎　出張所所長が業績目標達成のため架空案件を創出し原
価を付替　61

(2) 典型的な不正経理パターン②
架空経費計上および支払資金の着服……………………… 61

▎事例２▎　営業部長が遊興費捻出の目的で架空発注し支払資金を
着服　62

(3) 典型的な不正経理パターン③
売上高の前倒計上…………………………………………… 62

▎事例３▎　未検収物件につき顧客の形式的な署名をもって売上高
を前倒計上　62

(4) 典型的な不正経理パターン④
長期請負工事における売上高の前倒計上………………… 63

▎事例４▎　長期請負工事における売上高の前倒計上　63

3　事例研究　 事業部長が業績達成のため架空オーダーを創出し原価付替！
………………………………………………………………………… 64

(1) 事例の概要……………………………………………………… 64

(2) 会社はどのような内部体制を構築すべきか……………… 65

(3) 会計監査人による不正対応の監査の着眼点はどこか？ …… 65

4　監査のポイント（詳細）…………………………………………… 66

▶▶目　次　5

③　卸　売　業 ································ 71

1　経営管理上の特徴 ································ 71

2　どのような不正が起こりやすいか ································ 74

　(1)　典型的な不正経理パターン①
　　　循環取引 ································ 74

　　┃事例1┃　循環取引　74

　(2)　典型的な不正経理パターン②
　　　架空仕入高および架空売上高の計上 ································ 75

　　┃事例2┃　会社が不正に巻き込まれたケース　75

　(3)　典型的な不正経理パターン③
　　　売上値引き・割戻し未処理 ································ 76

　　┃事例3┃　売上値引きの未処理　76

3　事例研究　販売部門の事業部長が業績達成のため循環取引！ ······· 77

　(1)　事例の概要 ································ 77

　(2)　会社はどのような内部体制を構築すべきか ································ 78

　(3)　会計監査人による不正対応の監査の着眼点はどこか？ ······ 79

4　監査のポイント（詳細） ································ 80

④　小　売　業 ································ 89

1　経営管理上の特徴 ································ 90

2　どのような不正が起こりやすいか ································ 92

　(1)　典型的な不正経理パターン①
　　　期末の棚卸資産金額の過大計上 ································ 92

　　┃事例1┃　子会社社長の指示で在庫水増し計上　92

　(2)　典型的な不正経理パターン②
　　　売価還元法による期末棚卸資産の単価算定の調整 ················ 93

　　┃事例2┃　期末棚卸資産（商品）の売価を過大評価　93

　(3)　典型的な不正経理パターン③
　　　架空売上で発生した商品の横流し ································ 94

┃事例3┃ 百貨店で営業担当者が架空売上計上　94

3　事例研究　商品部責任者が業績達成のため架空仕入割戻しを計上したケース！ ………………………………………………… 95

　⑴　事例概要 ………………………………………………………… 95

　⑵　会社はどのような内部体制を構築すべきか ………………… 96

　⑶　会計監査人による不正対応の監査の着眼点はどこか？…… 96

4　監査のポイント（詳細）…………………………………………… 97

⑤　サービス業 ……………………………………………………… 101

1　経営管理上の特徴 ………………………………………………… 102

2　どのような不正が起こりやすいか……………………………… 103

　⑴　典型的な不正パターン①

　　　経営者による不正伝票の自己決裁……………………………… 103

　　┃事例1┃　経理部長による伝票操作　103

　⑵　典型的な不正パターン②

　　　前受金を受領している場合の売上の先行計上………………… 104

　　┃事例2┃　虚偽の履行実績をねつ造，前受金を原資に売上高前倒
　　　　　　　計上　104

　⑶　典型的な不正パターン③

　　　経営者主導による売上高過大計上……………………………… 105

　　┃事例3┃　不動産関連事業の上場子会社が請負業で売上高を過大
　　　　　　　計上　105

3　事例研究　業績達成のため請求書偽造により売上水増し！ ……………………………………………………………………… 106

　⑴　事例概要 ………………………………………………………… 106

　⑵　会社はどのような内部体制を構築すべきか ………………… 107

　⑶　会計監査人による不正対応の監査の着眼点はどこか？… 107

4　監査のポイント（詳細）…………………………………………… 108

▶▶目　次　**7**

| 6 | すべての業種に共通して見られる不正パターン… | 114 |

1　経営者による不正 ·· 115

2　事例研究① 経営者が架空ファンドを創出し，資金着服！

··· 116

(1)　事例の概要 ··· 116

(2)　会社はどのような内部体制を構築すべきか ·················· 117

(3)　会計監査人による不正対応の監査の着眼点はどこか？ ··· 117

3　子会社等における不正 ·· 119

4　事例研究② 子会社社長が業績達成のため発注業者と結託して架空

売上計上！··· 120

(1)　事例の概要 ··· 120

(2)　会社はどのような内部体制を構築すべきか ·················· 121

(3)　会計監査人による不正対応の監査の着眼点はどこか？ ··· 121

5　監査のポイント（詳細）··· 123

6　異常点を抽出する DA（データ・アナリティクス）

のポイント ··· 126

(1)　入手するデータ ·· 126

(2)　基本的な手法 ·· 127

(3)　より高度な分析·· 131

第4章　不正経理を防止・早期発見するためには？　137

1　会社はどのように対応すべきか ································ 137

(1)　経営者の取組み姿勢 ······································· 137

(2)　ビジネス・リスクの理解 ··································· 138

(3)　不正リスク対応のための内部統制の構築 ···················· 139

(4)　支店・営業所，子会社の管理 ······························ 140

⑸　関連会社の対応 ……………………………………………… 141

　2　監査人はどのように対応すべきか ………………………………… 142

　　　⑴　100社事例を通じてわかったこと …………………………… 142

　　　⑵　監査人への期待 ………………………………………………… 143

　3　不正に関する財務諸表監査の枠組み ……………………………… 145

　　　⑴　監査基準委員会報告書240「財務諸表監査における不正」
　　　　 ……………………………………………………………………… 145

　　　⑵　会長通牒第3号「循環取引等不適切な会計処理への監査
　　　　 上の対応等について」 ………………………………………… 146

　　　⑶　「監査における不正リスク対応基準」 ……………………… 146

　　　⑷　監査基準委員会報告書および品質管理基準委員会報告書
　　　　 の改正 …………………………………………………………… 147

第5章　監査の将来像　　149

　1　監査環境の変化 ……………………………………………………… 149

　2　具体的な監査実施の局面 …………………………………………… 150

　　　⑴　会社の対応 ……………………………………………………… 150

　　　⑵　監査人側の対応 ………………………………………………… 151

エピソード1　ある理由で資金が必要になった社長の事例　18

エピソード2　データ分析と現場視察　67

エピソード3　データ分析と在宅会計士　82

エピソード4　棚卸立会後のフォロー手続　98

エピソード5　あと一歩の踏み込み　111

エピソード6　目力（めぢから）の告発　133

エピソード7　未来の扉　152

第1章

不正はなくならない！

1 経理不正の最近の動向

　2008年4月，日本版内部統制監査制度（いわゆる J-SOX）の導入により財務報告に係る内部統制の整備・運用の書面化と内部監査の実施が上場企業に義務づけられ，同時に公認会計士による内部統制監査が始まった。

　これにより，J-SOX 導入直前年度には30社程度にまで上った不正の発生件数は，一旦は減少したが，その後も「不適切な会計処理」を原因とした訂正報告書の提出件数は毎年20件前後となっており，なくなることはない。

　訂正報告書を提出した事例は氷山の一角にすぎないと考えられ，小規模な不正を含めると実際には上場企業でも相当程度の件数が発生しているものと推察される。

2 不正リスク要因

　不正は「人の弱さ」の証明であり，それは潜在的になくなることはない。人の弱さに組織の弱さが加わったとき，不正は顕在化しうる。組織の弱さは，内部統制の不備であり，不正を起こす「機会」を提供する。

　不正経理を実行する局面における「人の弱さ」とは，①営業目標の達成を重圧として認識する，または，自己の経済的欲求の充足という「動機」が働く，および，②自己の不正経理を「正当化」する（会社の営業目標を達成するため，もしくは，自分の報酬や給料が低いためなどの）心理が働くことをいう。

　これら「人の弱さ」は，人の心の中の問題であり，会社が制御することは難しいが，「内部統制」を有効に整備・運用し，不正の「機会」を封じることは，組織としてできることであり，すべきことである。

　これら，「動機」「正当化」および「機会」は，監査基準委員会報告書240「財務諸表監査における不正」のなかで「不正リスク要因」と定義され，不正による重要な虚偽表示リスクを発生させる原因になるものととらえられている。

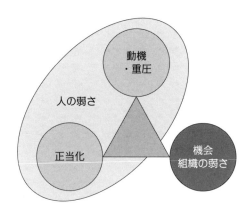

第1章 不正はなくならない！ **3**

3 内部統制

　不正リスク要因のうちの1つである「機会」を阻止するためには，「内部統制」を有効に整備・運用することが必要である。「内部統制」とは何か。内部統制の構成要素を示すとともに，内部統制の目的の1つである「財務報告の信頼性」を確保するための方策を例示する。

(1)　内部統制の定義

　内部統制とは，基本的に，①業務の有効性および効率性，②財務報告の信頼性，③事業活動に関わる法令等の順守，④資産の保全，の4つの目的を達成するために，業務に組み込まれ，組織内のすべての者によって遂行されるプロセスをいう。それらは，ア．統制環境，イ．リスクの評価と対応，ウ．統制活動，エ．情報と伝達，オ．モニタリング，カ．IT（情報技術）への対応の6つの基本的要素から構成される。

　内部統制の4つの目的を達成するためには，経営者は，内部統制の6つの基本的要素が組み込まれたプロセスを整備し，適切に運用する必要がある。各々の目的を達成するためには，6つの基本的要素が有効に機能していることが必要である。

　本書における内部統制は，特に，「財務報告の信頼性」の目的を達成するために必要となる内部統制をいうものとする。

(2)　内部統制の構成要素

A．統制環境

　「統制環境」とは，組織の気風を決定し，組織内のすべての者の統制に対する意識に影響を与えるとともに，他の基本的要素の基礎となり，かつ，それらに影響を及ぼす基盤をいう。

　「統制環境」が有効に機能し，「財務報告の信頼性」の目的を達成するために

必要なこととして，たとえば，①財務報告に対する経営者の姿勢に誠実性があり倫理観がある，②取締役会や監査役会等が財務報告プロセスの合理性や内部統制システムの有効性に関して適切な監視を行っている，③財務報告プロセスや内部統制システムに関する組織的，人的構成が，「財務報告の信頼性」の目的を達成するために適切である，ことが挙げられる。

B．リスクの評価と対応

「リスクの評価と対応」とは，組織目標の達成に影響を与える事象について，組織目標の達成を阻害する要因をリスクとして識別し，分析および評価し，当該リスクへの適切な対応を行う一連のプロセスをいう。

たとえば，会社や子会社が新規設備を導入し新製品の開発を行う場合に，「財務報告の信頼性」の目的に関連して，固定資産や子会社株式の減損の要否判断等，会計上の見積りおよび予測等が，財務報告上の数値に直接的な影響を及ぼすリスクが挙げられる。したがって，「リスクの評価と対応」が有効に機能するためには，リスクが財務諸表の信頼性に及ぼす影響等を適切に識別，分析および評価し，必要な対応（たとえば，将来の合理的な利益計画の見積りができるような組織の構築）を図ることが重要となる。

C．統制活動

統制活動とは，経営者の指示等が適切に実行されることを確保するために定める方針および手続をいい，「財務報告の信頼性」の目的を達成するために，たとえば，明確な職務の分掌，内部牽制，ならびに継続記録の維持および適時の実地検査等の物理的な資産管理の活動を整備し，これを組織内の各レベルで適切に分析および監視することが挙げられる。

D．情報と伝達

情報と伝達とは，必要な情報が識別，把握および処理され，組織内外および関係者相互に正しく伝えられることを確保することをいう。

「財務報告の信頼性」の目的を達成するために，「情報」は，会計情報について，経済活動を適切に認識，測定し，会計処理するための一連の会計システムを構築することであり，「伝達」は，会計情報を適時かつ適切に組織内外の関係者に報告するシステムを確保することが挙げられる。

E．モニタリング

モニタリングとは，内部統制が有効に機能していることを継続的に評価するプロセスをいう。モニタリングには，①業務に組み込まれて行われる「日常的モニタリング」および，②業務から独立した視点から実施される「独立的評価」がある。

「財務報告の信頼性」の目的を達成するために，①「日常的モニタリング」として，各業務部門において帳簿記録と実際の製造・在庫ないし販売数量等との照合や，実地棚卸手続において在庫の残高の正確性および網羅性を関連業務担当者が監視することが挙げられる。また，②「独立的評価」として，内部監査部門や監査役等による業務モニタリングがある。

F．IT（情報技術）への対応

IT（情報技術）への対応とは，組織目標を達成するために予め適切な方針および手続を定め，それを踏まえて，業務の実施において組織の内外のITに対して適切に対応することをいう。

「財務報告の信頼性」の目的を達成するために，たとえば，企業内全体にわたる情報処理システムが財務報告に係るデータを適切に収集し処理するプロセスとなっていることを確保することや，各業務領域において利用されるコンピュータ等のデータが適切に収集，処理され，財務報告に反映されるプロセスとなっていることを確保することが挙げられる。

内部統制の目的			
①業務の有効性および効率性	②財務報告の信頼性	③事業活動に関わる法令等の順守	④資産の保全

内部統制の構成要素					
A．統制環境					
B．リスクの評価と対応	C．統制活動	D．情報と伝達	E．モニタリング		F．IT（情報技術）への対応

4 不正経理の発生領域

内部統制監査制度導入以後，内部統制の整備・運用の強化により，不正実行の機会は一定程度削減されたと考えられるが，次のような領域において，内部統制上の弱点や盲点があり，不正が継続的に発生している。

① 内部統制監査の対象外の子会社等…重要性が低いため内部統制監査が適用されない国内外の子会社等
② 内部統制監査の対象外の事業および事業拠点…内部統制監査適用会社において重要性が低いため内部統制監査が適用されない事業および事業拠点
③ 内部統制が無効化される領域…経営者など上位権限者が自ら不正な会計仕訳を作成および承認する場合。あるいは，外部の取引先や内部の担当者と結託して内部牽制上必要な書類やデータを偽造，改ざんして不正取引の発覚を隠す場合

国内外子会社等については，まず内部統制監査の対象となっているかどうかを検討し，内部統制監査の対象となっていない場合，売上計上や在庫管理，現預金管理，仕訳計上等における最低限必要な内部統制機能が備わっているかどうかを見極めておくことが大切である。また，内部統制監査の対象となっている場合でも子会社等の特性を吟味して内部統制を無効化する可能性に注意を行き届かせておくことが肝要である。

（※）　内部統制監査の対象（太枠）

【参考】 内部統制監査の対象となっている内部統制の領域

　内部統制監査は，金融商品取引法に基づく上場企業の監査において，経営者による内部統制の評価が適正であるかどうかについて公認会計士または監査法人が意見を表明するものをいう。経営者は，①全社的な内部統制の評価を行い，その評価結果を踏まえて，②業務プロセスの評価の範囲を決定するが，その対象は必ずしもすべての事業拠点を網羅するものではない。

　すなわち，①全社的な内部統制の評価範囲は，原則としてすべての事業拠点について，全社的な観点で評価することに留意する必要があるが，「財務報告に対する影響の重要性が僅少である事業拠点」に係るものについてその重要性を勘案して評価対象としないことを妨げるものではないとし，「財務報告に対する影響の重要性が僅少である事業拠点」の判断については，たとえば売上高で「全体の95％」に入らないような連結子会社は僅少なものとして評価対象外とするといった取扱いが考えられる旨が示されている（しかし，特定の比率を機械的に適用すべきものではないことに留意する必要がある）。

　また，②業務プロセスの評価に関して，決算財務報告プロセス以外の業務プロセス（たとえば，購買プロセスや販売プロセス）については，複数の事業拠点がある場合には，評価対象とする事業拠点を売上高等の金額の高い事業拠点から順次，合算を行い，連結ベースの売上高等の「一定割合」に達している事業拠点を評価の対象とするとし，「一定割合」については，一律に示すことは困難であると考えられるとしながらも，全社的な内部統制の評価が良好であれば，たとえば，連結ベースの売上高等の「一定割合」を「概ね3分の2程度」とし，これに重要性の大きい個別の業務プロセスの評価対象への追加を適切に行うことが考えられる旨が示されている。

5 不正経理の手口

　ここで，不正経理の手口にはどのようなものがあるか，具体例と併せて代表的なものを見ていこう。実際には複数の手口が混在するケースも多いが，個々の手口として無尽蔵にあるわけではない。

(1) 自己決裁

　自己決裁とは経理処理の決裁権限者自らが不正な会計伝票を起こし，あるいは内部の協力者に不正な会計伝票を起票させ，最終承認する行為であり，職責に期待される牽制機能を無効化する手法である。社長が経理部長に不正経理の実行を指示し，黙認するような場合も含まれる。

　形式的に通常の決裁ルールに則って処理され，証憑も揃っている場合は，監査上，通常の証憑突合だけで不正かどうかを判別することは難しい。取引先と共謀し虚偽の請求書や領収書を入手して，それを根拠資料として支払伝票を起票し，出納責任者自らが承認を行い架空経費の支払いを行う場合もある。

> **事例1　仮払金を自己決裁**
>
> 　CX社のA取締役経理部長は，資金難に陥っている関係会社CY社の倒産を防ぐ目的で，期中に1億円の仮払金を自己宛に支出し，それをCY社の運転資金に充当していた。期末には仮払金を貸付金に振り替える仕訳を起票し，自ら承認していた。

　自己決裁は多くの場合，経理責任者が架空売上や資産の過大計上等会社業績を粉飾するために不正な経理処理を行う際に広くみられる。

(2) 架空取引

　架空取引とは，取引実態がないにもかかわらず，根拠資料を偽造して取引が

実際に存在したかのように装い，架空の売上高や仕入高，経費等の計上を行う行為である。外部の取引先と結託して請求書や出荷伝票等の外部証憑を偽造する場合が多く，会社の内部統制によるチェックを潜り抜け，数年にわたり恒常的に行われる場合もある。

また，実際の出荷日よりも前に売上計上し，実地棚卸の対象から在庫カウントを除外する手口も広く見られる。

取引先と結託して通常より高い価額で商品を仕入れ，あるいは経費の支払いを行い，値増し分を担当者個人が払い戻しを受ける手口（キックバック）もある。

営業所などで発注者と検収者とが同一である場合や，購買担当者が在庫管理を行っている場合など，職務分掌による内部牽制に弱点がある場合は比較的容易に実行される。また，経営者自らが赤字決算を免れるため仕入先に虚偽の出荷伝票の作成を依頼し，直送の得意先に対し架空売上を計上するケースもある。

事例2 **架空仕入による代金着服**

HZ社のS営業所のB課長は，実家が経営する会社から消耗品を通常より高い価格で購入し，5年以上にわたり2億円以上の資金を搾取していた。長年，誰にも気づかれなかったため，当期から消耗品の購入自体を架空にして，支払資金を丸々搾取することに成功していたが，本社経理で異常に気づく者が現れ，社内調査により全容を暴かれることとなった。

---

(3) 循環取引

仕入先および得意先の協力を得て，得意先に販売した商品が得意先から仕入先を通じて再び会社が商品を仕入れるというように，商品が最終消費者に届かず，3社ないしはそれ以上の数の会社を循環するという取引である。販売の都度，各社が仕入原価にわずかの手数料を上乗せしながら売上高を計上し，循環していくため，架空売上と架空利益が創出され，商品などでは個人的な業績達成のため利用されやすい手口である。

この売上高の計上に伴い発生した架空売掛金は，会社が別途，仕入先に対する架空買掛金の対価として実際に支払った資金が，仕入先から得意先に還流し，回収資金に充当される。資金は商品とは逆の方向に流れていく。

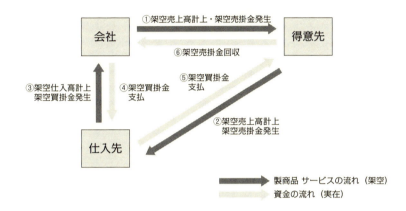

循環取引は，実在の商品を流通させる場合もあるが，恒常化するにつれて商品の動きが伴わない伝票処理だけの取引となるケースが多い。仕入先，売上先から社内決裁に必要な外部証憑が実際に送付され，資金の決済も関係者間で通常の決済条件どおり行われるため，正常取引と見かけ上何ら区別がつかず一般的に発見が困難である。参加者の倒産などにより資金の流れが止まらない限りは循環し続け，損失金額が多額に膨らむケースが多い。

> **事例3　滞留商品を循環取引**
>
> 　商社であるP社のR営業担当者は営業目標を達成するため，S社とL社の営業担当者に協力を要請し，滞留商品XYZをS社に売り上げ，その商品をS社からL社に転売させた後，P社がL社から買い取るという循環取引のスキームを3年前から実施していた。
> 　商品XYZはP社が概ね15％の粗利を得てS社に販売しており，S社およびL社が各々2％の手数料を上乗せして転売を継続した結果，流通在庫の金額が最終的に5億円にまで拡大した。S社が資金難に陥って売掛金の決済が滞り，この循環取引のスキームが判明した時点では，買取り条件を付しているS社

およびL社の在庫の買取代金のほか回収できないS社への売掛金等を含めP社が損失処理すべき金額は10億円以上に達した。また，3年前から計上していた架空売上の金額は120億円に上り，水増しになった在庫の評価減の金額も含め過年度の財務諸表の訂正を行った。

また，下記の図のように，特定の取引先との間で商品が往復して，売上高と仕入高を計上するケースもある（キャッチボール）。こちらは（得意先）＝（仕入先）になっているので，データ分析により，比較的発見は容易である。

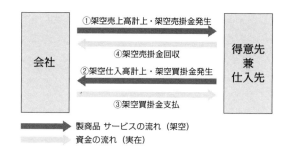

(4) 資産過大計上

在庫や有価証券，有形固定資産，のれん等の資産勘定について，実際には存在しないにもかかわらず存在するものとして経理処理したり，実際の価値より過大評価（減損処理の回避を含む）して計上したりする不正経理をいう。伝票処理だけの操作の場合もあれば，内部証憑の偽造や，虚偽の評価証明を入手する場合もある。通常は経理責任者が自らの意思または経営者からの指示により不正な会計伝票を自己決裁する場合が多い。

> **事例4** 固定資産の減損処理を回避
> 不動産業者であるP社は，販売用不動産を賃貸用固定資産に振り替えた。この賃貸用不動産（資産A）の市場価格（固定資産の減損会計基準で求めら

れる不動産鑑定評価基準による評価額）は資産Aの帳簿価額の50%超下落しており，減損の兆候がある状況であった。

　しかしP社は，別途，不動産鑑定士による評価を入手し，その結果によると資産Aの使用価値が帳簿価額を上回っていたことを理由として，減損の兆候はないものと判定し，減損処理を回避した。

　ただし，同使用価値は，資産Aの市場価値の2倍超の価額であり，P社側が設定した，周辺相場よりも高い賃料水準と稼働率を前提としたものであった。

（補足）　たとえば，固定資産が経年後の製造工場設備の場合は，生産能力の著しい劣化や技術改良に伴う陳腐化・不適応化がない限りは，市場価値よりも使用価値が上回るケースも想定される。しかし，本事例のような賃貸不動産の場合に，市場価値よりも使用価値が大幅に上回る場合は，使用価値の算定の前提条件が妥当であるか否かの慎重な検討が必要になると考えられる。

【参考】　固定資産の減損処理の手続のフロー

減損の兆候の有無の判定

　例）帳簿価額の概ね50%≦市場価格
　　　の場合は兆候なし（⇒減損処理は不要）

　例）帳簿価額の概ね50%＞市場価格
　　　の場合は兆候あり（↓「減損の認識」の段階へ進む）

減損を認識する必要があるか否か（減損損失の計上の要否検討）

　帳簿価額≦割引前将来見積りキャッシュ・フローの合計額
　の場合は認識しない（⇒減損損失の計上は不要）

　帳簿価額＞割引前将来見積りキャッシュ・フローの合計額
　の場合は認識する（↓「計上すべき減損損失の金額の測定」の段階へ進む）

計上すべき減損損失の金額の測定

　減損損失　＝　帳簿価額　－　回収可能価額（＊）

（＊）　売却価値（市場価値）と使用価値（使用により得られる割引後
　　　将来見積りキャッシュ・フローの合計額）のいずれか大きい金額

減損処理
は不要

(5) 簿外債務

　会社が負担すべき債務を帳簿に計上しない，または，計上を翌期に先送りするなど，当期の費用を過少に計上する不正経理をいう。

　監査上，一般に，資産の実在性を確認することと比べて負債の網羅性を確認することは難しい。資産の実在性の確認は，帳簿に計上されている事項を関連証憑や現物実査で確かめる手続が中心となるが，負債の網羅性の確認は，契約書や請求書等を網羅的に確認し，帳簿に計上すべきものはないかを確かめる必要があるためである。

　会計期末月に係る経費について，相手先発行の請求書を隠匿するなど，未払金を計上せず翌期への先送り計上が行われたケース（経費の繰延）や，出納責任者が銀行借入金を計上せず，当該借入資金を着服した事例もある。

> **事例5**　子会社経理部長による銀行当座借越資金の着服
>
> 　子会社G社の経理部長Aは，親会社に無断で地元の銀行と当座借越契約を締結し，当座借越金（借入金）を着服した。当該銀行の残高証明書の送付先を自己宛としていた。

(6) 原価付替

　実際に発生した原価について，製品や工事原価に本来あるべき配賦計算による原価計上を行わず，製品間ないしは工事原価間で原価配分を操作することにより売上原価および損益を調整することをいう。

　工事請負業やプラント製作を行う会社やソフトウェア開発を行う会社などでみられる不正経理の手口である。営業目標ノルマが厳しい会社で，営業担当者が原価配分の調整も行っている場合は発生の可能性が高まる。また，原価配分の基準が複雑である場合，不正な配分が発見できず，盲点となる場合がある。

> **事例6** 出張所所長による原価付替

　O社のS出張所所長は，工事委託先T社に，不採算工事（A工事）に係る工事原価について，A工事とは別の工事物件名（B工事）で請求書を発行するように依頼した。S所長は，工事担当者と共謀して工事日報，勤務実績表等の内部資料を改ざんし，T社からの請求書と整合させたうえで，不採算工事（A工事）で発生した原価を，別の工事（B工事）の原価に付替えた。

　その結果，当該，不採算工事（A工事）について本来当期に計上すべきであった工事損失（発生工事原価が工事請負金額（売上高）を上回る部分）の発生を回避した。

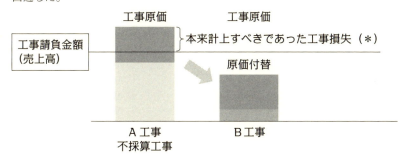

（＊）　期末時点で未完成の工事に係る工事原価は「未成工事支出金」として貸借対照表上，資産計上される。A工事が，期末時点で未完成の場合であっても，工事原価が請負額（売上高計上予定額）を上回る部分（損失が確定している部分）は，当期中に工事損失（引当金）を計上する必要がある。

(7) 在庫横領

　在庫を横流しして資金化し着服することをいう。スクラップや建設資材の横流しが典型例として挙げられる。また，棚卸資産の管理者が横領した在庫の数量を水増しして社内報告を行い，その横領を隠匿するケースもある。

> **事例7** 子会社会長による在庫横領

　　子会社R社は会社の棚卸資産（時計）を外部倉庫に預けたが，R社の会長Aは，当該棚卸資産を個人的に第三者に転売し，代金を着服していた。外部

16

倉庫から発行される残高証明書は，会長Aの転売による在庫減少を反映しておらず，会長Aの依頼により虚偽の記載がなされていた。

⑻　その他

　上記の手口で100社事例のうち90社以上はカバーできるが，その他の手口として主に次のようなものがあった。
- ●迂回融資による他社への資金供与
- ●現金および現金同等物の着服
- ●低廉譲渡による他社利益供与
- ●連結仕訳の操作

事例8　子会社経理担当者による現金着服

　子会社の経理担当者が，すべての財務業務を行っている地位にあることを悪用し，私的遊興費に充てるため，子会社の手元金庫から現金を抜き取り，1件の請求に対して小切手を二重に振り出し，うち1つを自己宛に裏書することにより現金化を行うほか，普通預金を引き出し着服した。

　これら不正の発覚を免れるために，銀行残高証明書，現金出納帳や印章請求簿などの偽造・改ざんや不正仕訳を行っていた。

　さらには，社会保険料について，納付小切手を不正に裏書し現金化してこれを着服し，その後，ファームバンキングの不正運用により社会保険料の支払いを行い，着服の隠蔽を図った。社会保険料の二重払いを隠蔽するために，ファームバンキングの振込データなどの明細は，本来の保管場所とは異なる場所に隠していた。

事例9　不採算関係会社の連結除外

　債務超過の関連会社V社は，Y社の社長案件の事業会社であるため，Y社の経理担当取締役はV社を倒産させるわけにはいかないとの理由から，V社向け

に貸付を実施した。さらにV社の銀行からの借入金について，Y社は債務保証契約を締結していたが，それにより，実質子会社と判定されることを回避するため，当該債務保証契約の存在を隠匿し，かつ，V社向け貸付金を建設仮勘定として計上していた。

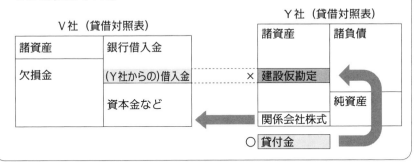

【参考】

　　企業会計基準適用指針第22号「連結財務諸表における子会社及び関連会社の範囲の決定に関する適用指針」の「子会社の範囲に関する取扱い」において，「他の企業の議決権の過半数を自己の計算において所有していないが，当該他の企業の意思決定機関を支配している場合」として，「他の企業（本件ではV社を想定）の資金調達額（負債の部に計上されているもの）の総額の過半について融資（債務の保証を含む）を行っていること」や，「当該他の企業に多額の損失が発生し，自己（本件ではY社を想定）が当該他の企業に対し重要な経営支援を行っている場合」が例示されている（第13項，第14(2)項）。

▶不正経理の代表的な手口◀

①自己決裁	②架空取引	③循環取引	④資産過大計上
⑤簿外債務	⑥原価付替	⑦在庫横領	⑧その他

エピソード1　ある理由で資金が必要になった社長の事例

＜シーン1＞

　私はある理由によりどうしても金が必要だった。

　私は，輸入した貴金属や雑貨，インテリア商品等をインターネットで販売するグッド＆カンパニー株式会社（以下，「グッド社」という）の社長である。10年前に上場し，相応のキャピタルゲインを得たが，ほぼ使い果たしてしまった。さらに会社の業績も最近低迷し始め，役員報酬や配当も大幅に減り，むしろ借金返済に汲々としている状況にある。

　「柴田君，すまないが明日社長室に来てくれないか？」

　私は子会社のKTロジ株式会社（以下，「ロジ社」という）の営業部長である柴田君を呼び出した。柴田君はグッド社の創業当時から辛苦を共にしてきた間柄であり，私の頼みであれば，すべて聞いてくれるだろう。何なら次期社長の座を約束してもいい。私は打ち出の小槌を作り出す1つのスキームを考えていた。

　翌日，柴田君が朝一番に訪問してくれた。

　「社長，藪から棒に相談とは何ですか？」

　「いや実は，私の従弟が経営している会社が資金繰りに困っていてね。それで，この会社を救うために君のところで扱っている商売を一部回してくれないかね？イタリアからの輸入品のZシリーズが好調のようじゃないか。その取引量の半分を回してくれないか？　輸入金額の10％をマージンとして従弟の会社に落とすということで。」

　「10％ですか？　わが社の粗利が大幅に減ってしまいますよ。また，そんなことをしたら子会社監査を受けた時に，操作がバレてしまうと思うのですが……」

　「Zシリーズの現状の粗利率15％は，他の商品に比べるとかなり高いので，多少粗利率が下がっても異変に気付かれないだろう。それに気付いたとしても，君の説明で何とかごまかせるだろう。」

　「……」

　柴田君は若干，困惑しながらも，私のたっての願いということで承諾してくれた。イタリアの輸入元へはZシリーズの半分は私の従弟の会社である桜坂交易株式会社（以後，「桜坂社」という）へ，そして残りの半分は従来通りロジ社に販売するように指示し，桜坂社が購入した商品は，ロジ社が10％のマージン分

を上乗せした金額で桜坂社から仕入れるスキームを考案し，事務処理一切を手配してくれた。

　私の計算によると毎月10百万円程度の利益と資金が桜坂社にプールされることになる。桜坂社は従弟が代表取締役社長になっているものの，実態は私が発行済み株式総数の100%を所有する会社である。その会社から毎月資金を引き出せば私は窮地を脱することができる。

　スキームは見事にワークし，資金は順調に私の手元に流れてきた。連結子会社であるロジ社の20X0年度決算見込みはほぼ前期並みの数字で，一見した限りでは特段異常はない。私は決して油断はしていなかったが，数年来味わったことのない安堵感に満たされていた。あの時までは……

＜シーン２＞

　グッド社の20X1年３月期の決算が締まり，監査法人による期末監査が始まった。サンライズ監査法人のマネージャーの玉井とシニアの浜端が連結子会社であるロジ社の監査に訪れた。

　２人は手分けして，まず現預金や売掛金，買掛金，棚卸資産，固定資産，引当金といった貸借対照表の勘定科目について，残高の妥当性を確かめたが，特段問題はなかった。また，売上高や，仕入高，販売費及び一般管理費，営業外損益，特別損益といった損益計算書の勘定科目についても，重要な取引について証拠資料と突合せしたが問題はなかった。

　「特に問題なさそうだね。」

　玉井は浜端に同意を求めた。

　「そうですね。ただ，商品別の売上高と粗利率の前期比較を行ったのですが，主力のＺシリーズの粗利率が落ちていました。そこで，経理担当者の方にお聞きしたところ，営業部長の柴田さんがご担当ということでしたので，直接柴田さんから変動理由を伺いました。Ｚシリーズは，数量確保が難しくなっており，当期から別ルートからも仕入れるようになったとのことです。素材が微妙に異なるためコストは高くつくが商機を逃さないためにはやむを得ないとコメントされていました。輸入元は桜坂交易という会社で，そこから仕入れています。営業倉庫からの出荷報告書や桜坂交易からの請求書などの証憑はすべて保管し，経理部が取引内容を確認することになっています。私も，何件か証憑を無作為抽出して確

認しましたが，帳簿との不一致は見られませんでした。」

「証拠資料と突合せしたということだね。柴田営業部長へのヒアリングの内容と証憑突合の結果は，しっかりと監査調書に記録しておいてくれ。」

「わかりました。」

浜端はZシリーズの仕入データをすべて入手し，証憑突合の証跡とともに調書に保存した。この時点では桜坂社との取引が重大な不正であることに2人は微塵も気づいていなかった。必要な監査手続は実施しており，正当な注意を払って監査した結果，異常点は見いだせなかった。だから，問題ない。2人はそう思い込んでいた。

＜シーン3＞

「社長，これはどのように説明されるおつもりですか？」

株主総会の議題を決める決算取締役会の前日，社外監査役の谷口氏が普段とはまるで違う形相で社長室に押しかけてきた。私のデスクの上には「桜坂交易株式会社との取引に関する調査報告」と題した書類が置かれた。

「谷口監査役，これは何ですか？」

「監査法人からロジ社と桜坂社との取引について，会社として調査するようにとの指示があり，その調査結果をまとめたものです。」

「何だと！」

ロジ社への監査の翌日，サンライズ監査法人の玉井マネージャーは浜端シニアがとりまとめた桜坂社との取引に関する調書を見直した。すると，いくつかの点で疑問が湧いてきた。

素材が違うのに商品の品番コードが同じなのはなぜか？

桜坂社への支払いは請求日後10日振込決済の条件になっており，他の仕入先への決済条件より著しく短いのはなぜか？

玉井は，桜坂社がどのような会社で，商品はどこから仕入れているか，決済条件が短いのはなぜかについて，ロジ社に対し調査を依頼していたのだった。

社外監査役が私の眼の前に突き付けた報告書は，正にその社内調査の結果報告であり，桜坂社が私の所有する会社であること，輸入元はロジ社が直接仕入れているのと同一のイタリアの取扱業者であること，輸入代金の支払いはロジ社から桜坂社への入金後にマージン部分を差し引いて行われていること，さらにこれら

のスキームは柴田営業部長の指示であったことが記載されていた。ただ，マージン部分の資金が誰によって引き出されているかまでは記載されていなかった。

「社長，このマージン部分が，毎月，誰の口座に流れているのかは桜坂社に立入調査すればすぐにわかることですが，社長の個人会社ですので，調査に入る許可をいただけますか？」

谷口監査役は，冷静にかつ厳しい口調で私を問い詰めた。私は観念するしかなかった。

その後ほどなく私は逮捕され，不正事実の一部始終とともに，事件の引き金となった個人的なある理由も世間に公表されることとなった。新規のビジネスモデルを成功させ，時代の寵児として会社を新規上場させた私が何という屈辱！　いや，財産も家族も，何もかも，人生までもが破たんしてしまった。

▶取引の流れ◀

イタリア
取扱業者 → 100 → KTロジ
株式会社 → 115 → 顧客

イタリア取扱業者 → 100 → 桜坂交易
株式会社 → 110 → KTロジ株式会社 → 115 → 顧客

桜坂交易株式会社 → 10 → ？

（本書に記載するエピソード1〜7のストーリー，登場人物，社名等は全て架空のものである。）

6 不正経理発覚時の実務対応

　社内で不正経理が発覚した場合，金額が少額で同種類の取引がなく影響範囲が特定される場合は，当該事件の調査だけで終わることもある。

　しかし，金額に重要性があるか，同種類の不正取引の存在が疑われる場合は，類似取引の有無に着目した全社的な調査が必要になる。

　類似取引の調査は一般に人・場所・手口の３つのアプローチにより網羅的に実施される。その際，データ・フォレンジックとして，不正の当事者および不正に関連すると考えられる者の電子メールの確認（削除された電子メールも復元して確認），財務・非財務情報のデータ分析その他取引先や従業員を巻き込んだアンケートによる実態調査やヒアリング調査が必要になる場合があり，作業面，コスト面，信用面で大きなダメージを被るケースが多い。

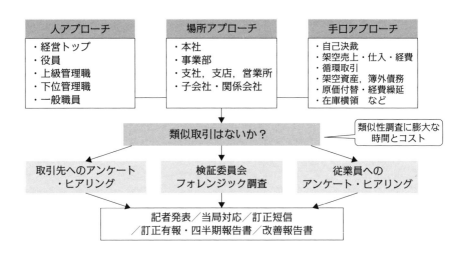

　不正事件に重要性がある場合は，会社による不正経理の概要の適時開示（①），第三者調査委員会の組成（②），第三者調査委員会による調査（③），会社による調査報告書への対応（④）・訂正報告書の提出（⑤）が必要になり，

証券取引所から改善報告書等の提出（⑥）があわせて求められることとなる。

① 不正経理の概要が把握された段階で，証券取引所に概要等の適時開示を行う。

② 社内調査委員会による調査では，独立性の観点から不十分と認められた場合には，社外の者を含めた第三者調査委員会が組成される。構成員は，通常，弁護士，会計士およびデータ・フォレンジック（不正調査）担当者および調査の補助者が中心となる。

③ 第三者委員会による調査は，通報者や不正当事者へのヒアリングや関連書類の確認，取引先への債権・債務の残高確認や取引高確認，在庫寄託先への在庫残高確認，証憑の確認に加えて，類似取引の有無確認（従業員や取引先に対するアンケート調査やメール文書の確認含む）が行われる。

④ 調査報告書の事実確認，関係者の処分検討や内部統制改善対応，証券取引所への適時開示，調査報告書を踏まえた訂正報告書の作成，監査法人による訂正報告書の監査への対応，財務局への訂正報告書の提出の準備等が挙げられる。

⑤ 最大，過去5年間にわたり四半期ごとに過年度訂正が必要となる。

⑥ 証券取引所あてに，当該不正事件に係る改善報告書のみならず，以後少なくとも監理ポストにいる間は，改善状況報告書の提出が求められる。

7 上場企業で不正経理が発覚した場合の関係者の責任

　不正事件が発生した場合，自らが不正行為に直接手を染めていなくとも管理責任者等として責任を負うケースがある。

　上場企業で不正事件が起こった場合，法律上，誰がどのような責任を負うのか？　「知らなかった」では済まされない。取締役，監査役，会計監査人および会社の法的責任は以下のとおりである。

(1)　取締役の責任

<table>
<tr><td colspan="2">項　　目</td><td>責任内容</td><td>根拠法令</td><td>内　　容</td></tr>
<tr><td rowspan="3">民事責任</td><td>会社に対する損害賠償責任</td><td>任務懈怠による損害賠償責任</td><td>会社法
第423条
第1項
第430条</td><td>取締役がその任務を怠たり，結果として会社に損害を与えた場合は，取締役は会社に対し連帯して損害を賠償すべき責任を負う。</td></tr>
<tr><td>第三者に対する損害賠償責任</td><td>損害賠償責任</td><td>会社法
第429条
第1項
第2項
第430条</td><td>第三者に損害が生じた場合で，かつ取締役に悪意又は重大な過失がある場合は，第三者に対して連帯してその損害を賠償すべき責任を負う。</td></tr>
<tr><td>有価証券を取得した者に対する損害賠償責任</td><td>損害賠償責任</td><td>金商法
第24条の4
第22条
第21条の2</td><td>有価証券報告書の重要な事項に虚偽の記載等をし，これを知らないで有価証券を取得した者に損害が生じた場合は，この損害を賠償すべき責任を負う。</td></tr>
<tr><td rowspan="2">刑事責任</td><td>違法配当</td><td>5年以下の懲役もしくは500万円以下の罰金又はその併科</td><td>会社法
第963条
第5項
第2号</td><td>粉飾決算を行って本来はすることができない違法配当を行うことで，会社財産を棄損した場合は，「会社財産を危うくする罪」（刑事罰）に問われる。</td></tr>
<tr><td>虚偽文書行使等の罪</td><td>5年以下の懲役もしくは500万円以下</td><td>会社法
第964条</td><td>株式，社債等の募集をするに当たり，粉飾決算に基づく計</td></tr>
</table>

第1章　不正はなくならない！　　**25**

	の罰金又はその併科		算書類により新株等の募集を行った場合は，『虚偽文書行使等の罪』（刑事罰）に問われる。
特別背任罪	10年以下の懲役もしくは1000万円以下の罰金又はその併科	会社法第960条第1項	取締役が背任行為を行った場合には，通常の背任罪（5年以下の懲役又は500万円以下の罰金）より重い特別背任罪に問われる。返済意図がないにもかかわらず，取締役に対する貸付金として処理するなど，自己もしくは第三者の利益を図るため，又は会社に損害を加える目的で粉飾決算を行った場合は，罪に問われる。
金融商品取引法違反	10年以下の懲役もしくは1000万円以下の罰金又はその併科	金商法第197条第1項	上場企業の取締役が有価証券届出書及び有価証券報告書等の開示書類の重要な事項に虚偽の記載をして提出した場合は，罪に問われる。

(2)　監査役の責任

	項　目	責任内容	根拠法令	内　容
民事責任	会社に対する損害賠償責任	任務懈怠による損害賠償責任	会社法第423条第1項第430条	監査役がその任務を怠たり，結果として会社に損害を与えた場合は，監査役は会社に対し連帯して損害を賠償すべき責任を負う。
	第三者に対する損害賠償責任	損害賠償責任	会社法第429条第1項第2項第430条	第三者に損害が生じた場合で，かつ監査役に悪意又は重大な過失がある場合は，第三者に対して連帯してその損害を賠償すべき責任を負う。
	有価証券を取得した者に対する損害賠償責任	損害賠償責任	金商法第24条の4第22条第21条の2	有価証券報告書の重要な事項に虚偽の記載等をし，これを知らないで有価証券を取得した者に損害が生じた場合は，この損害を賠償すべき責任を

	項　　目	責任内容	根拠法令	内　　容
刑事責任				負う。
	違法配当	5年以下の懲役もしくは500万円以下の罰金又はその併科	会社法第963条第5項第2号	監査役も取締役と同様。粉飾決算を行って本来はすることができない違法配当を行うことで，会社財産を棄損した場合は，「会社財産を危うくする罪」（刑事罰）に問われる。
	虚偽文書行使等の罪	5年以下の懲役もしくは500万円以下の罰金又はその併科	会社法第964条	監査役も取締役と同様。株式，社債等の募集をするに当たり，粉飾決算に基づく計算書類により新株募集等を行った場合は，「虚偽文書行使等の罪」（刑事罰）に問われる。
	特別背任罪	10年以下の懲役もしくは1000万円以下の罰金又はその併科	会社法第960条第1項	監査役も取締役と同様。背任行為を行った場合は，通常の背任罪より重い特別背任罪に問われる。

⑶　会計監査人の責任

	項　　目	責任内容	根拠法令	内　　容
民事責任	会社に対する損害賠償責任	任務懈怠による損害賠償責任	会社法第423条第1項	会計監査人がその任務を怠たり，結果として会社に損害を与えた場合は，会計監査人は会社に対して損害を賠償すべき責任を負う。
	第三者に対する損害賠償責任	損害賠償責任	会社法第429条第1項第2項	第三者に損害が生じた場合で，かつ会計監査人に悪意又は重大な過失がある場合は，第三者に対してその損害を賠償すべき責任を負う。
	有価証券を取得した者に対する損害賠償責任	損害賠償責任	金商法第24条の4第22条第21条の2	有価証券報告書の重要な事項に虚偽の記載等がある場合に虚偽のないものとして証明をした場合は，これを知らないで有価証券を取得した者に損害が生じた場合は，この損害を賠償すべき責任を負う。

第1章 不正はなくならない！　**27**

	項　　目	責任内容	根拠法令	内　　容
行政処分	公認会計士法に基づく処分	戒告，業務改善命令，業務停止命令（全部または一部），解散命令，登録抹消，課徴金納付命令	公認会計士法 第34条の21 第34条の21の2 第29条 第30条 第31条 第31条の2	有価証券報告書の重要な事項に虚偽の記載等がある場合に虚偽のないものとして証明をした場合で，かつ金融庁長官（内閣総理大臣から委任）が必要と認めた場合には，その内容に応じて，戒告，業務改善命令等の処分を受けるほか，課徴金を国庫に納付する処分を受ける。 対監査事務所 …戒告，業務改善命令，業務停止命令（全部または一部），解散命令，課徴金納付命令 対業務執行社員（個人） …戒告，業務停止，登録抹消，課徴金納付命令
	日本公認会計士協会による処分	戒告，会員権停止，除名，退会勧告，行政処分請求	会則 第50条 第2項	日本公認会計士協会による綱紀審査会の審査の結果，処分を受けることがある。綱紀審査会による処分には，戒告，会員権停止，除名，退会勧告，行政処分請求（金融庁長官の行う懲戒処分の請求）の5種類がある。

(4)　会社の責任

	項　　目	責任内容	根拠法令	内　　容
行政処分	金融商品取引法違反に基づく処分	課徴金納付命令	金商法 第172条の4	有価証券報告書の重要な事項に虚偽の記載等がある場合でかつ金融庁長官（内閣総理大臣から委任）が必要と認めた場合には，その内容に応じて，課徴金を国庫に納付する処分を受ける。 発行する株券等の市場価額の

				総額等の10万分の6又は600万円のいずれか大きい額（四半期・半期・臨時報告書等の場合はその2分の1）を基礎に課徴金額が算出される。
刑事責任	金融商品取引法違反	罰金	金商法第207条第197条	上場企業が有価証券届出書及び有価証券報告書等の開示書類の重要な事項に虚偽の記載をして提出したときは罪に問われる。法人として7億円以下の罰金が科される。

100社の不正事例分析

1 はじめに

　本書では，最近数年間に発生した100社にのぼる会計不正事例を収集，分析している。会社のプレス発表および第三者調査委員会報告書等をデータソースとしており，事例収集の際には，パターン分析が可能になるよう，いくつかの属性を設定し，属性ごとに区分を設けた。

属性	区分
業種	1 製造業　2 請負業　3 卸売業　4 小売業 5 サービス業←メインの業種で判断
事業類型	1 製造販売　2 請負　3 商品売買　4 サービス 5 その他（資金取引，単なる経理操作など）
関連科目	1 営業　2 資金　3 固定資産　4 経費・雑勘定
場所	1 本社　2 事業部　3 支店・営業所　4 関係会社
職階	1 経営トップ　2 役員　3 上級管理職（部長等） 4 管理職（課長等）　5 一般職員
内容	1 利益創出　2 資金横領　3 キックバック 4 他社利益供与
動機	1 会社業績確保　2 部門業績確保　3 個人業績達成 4 個人的金銭欲　5 他社支援
手口	1 自己決裁　2 架空取引　3 循環取引　4 架空資産 5 簿外債務　6 原価付替　7 在庫横領　8 その他

これらの属性および区分に基づき，様々な角度から不正の態様を集計し，業種別，事業類型別，発生場所別，職階別等で動機や手口についてどのような特徴があるかを分析した。

2 | 100社事例分析

100社にのぼる会計不正事例について，まず，業種別分類を行い，どの業種で不正が多く発生しているのかを分析した。

次に会計不正の事業形態の側面から，いかなる事業形態で発生しているかの観点から事業類型別に分類した。

100社における会計不正は，1つの会社が複数の事業類型において不正を実行した例もあり，事業類型別では114件の会計不正が確認された。さらに1つの事業類型における会計不正についても，複数の会計不正の手口により実行された場合もあり（特に本書では，自己決裁を1つの会計不正として分類している），会計不正の手口別の件数としては，合計150を数えた。

加えて，発生場所別分類，職階別分類，金額規模別分類やそれらを組み合わせた分類など，複数の切り口から分析を行い，会計不正の傾向を浮き彫りにした。

1　業種別分類
2　事業類型別分類
3　発生場所別分類
4　職階別分類
5　金額規模別分類

分析の結果，一定の傾向がみられた。

- 不正経理の件数自体は製造業，サービス業が多く，そこでは利益創出型の不正が多い。
- 事業類型としては請負，商品売買が多く，業種特有の架空取引，原価付替，循環取引が頻繁に発生している。
- 本社および子会社で起こるケースが多く，そこでは架空取引や架空資産を偽装して，自己決裁するケースが多い。
- 経営トップ，役員が内部統制を無効化して業績達成のため不正経理を行うケースが多く，個人的金銭欲から資金を横領するケースは職階に関わりなく幅広く見られる。
- 一般的に上位職階になるほど不正の金額規模は大きくなっており，営業関係科目で実行する場合が多い。

- 請負事業，商品売買事業は架空取引を創出しやすく，不正が発生しやすい。
- 経営者，役員不正は内部統制を無効化した上で，単純な手口で多額の金額を操作する。
- 製造業，サービス業が副業ないしは子会社で請負，商品売買事業を扱っている場合が危険度が大きい。

3 業種別分類

まず,どのような「業種」で会計不正が発生しているのか? の観点で分類した。

業種の分類については,本書では,日本標準産業分類に合わせるのではなく,ものの流れや在庫管理,内部統制の大きな枠組みの違いに着目した分析を行い,「製造業」「請負業」「卸売業」「小売業」および「サービス業」の5つに分類した。

なお,本書において「請負業」とは個別受注生産を前提として,発生した原価を受注単位で集計する業種を想定しており,代表例として建設業やソフトウェア開発業が挙げられる。

複数の業種を営む会社も少なくないが,最も売上の多いメイン業種で所属を判定している。

●全体分析

- 業種別では,サービス業がトップ,次いで製造業,以後,卸売業,小売業,そして請負業が続く。
- 製造業,サービス業は全体の母集団も多いことから件数も多いものと考えられる。

業種	総計
1 製造業	27
2 請負業	8
3 卸売業	13
4 小売業	13
5 サービス業	39
総計	100

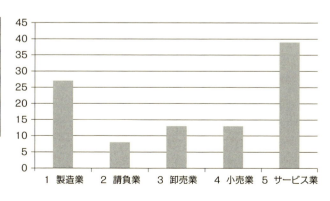

●さらに「不正内容」別に分析

「不正内容」は，利益・資金の帰属主体の観点から，以下の通り大別している。

    1．会社の利益創出型

    2．個人の会社資金横領型

    3．他社から個人へのキックバック

    4．会社から他社への利益供与

・実際の不正の件数（114）について，業種別に，「不正内容」の観点から分類したところ，「会社の利益創出型」が，製造業，サービス業で多いことを含め，業種を問わず発生の件数は最も多く，全体の7割を占める。

・「個人の会社資金横領型」もすべての業種で発生しており，全体の2割に上っている。

・「他社から個人へのキックバック」は発見事例は少ないものの相手先が存在する以上，どの業種にも潜在するものと考えられ，「会社から他社への利益供与」もわずかながら発生している。

業種／不正内容	1 利益創出	2 資金横領	3 キックバック	4 他社利益供与	総計	割合（%）
1 製造業	27	5	1	1	34	30
2 請負業	9	1	1	1	12	11
3 卸売業	8	6	1		15	13
4 小売業	6	4	2	1	13	11
5 サービス業	31	8	1		40	35
総計	81	24	6	3	114	100
割合（%）	71	21	5	3	100	－

第2章 100社の不正事例分析 **35**

4 事業類型別分類

(1) 全体分析

　製造業に分類される会社でも商品売買を行う場合もあり，サービス業に分類される会社でも，請負契約にもとづいた役務提供を行う場合もある。本書では，不正事例に該当する事業類型を「製造販売」「請負」「商品売買」「サービス」の4つに大別したが，複数の事業で不正が発生した場合は，それぞれの事業類型に所属するものとしてカウントしている。

　なお，4つの類型に相当しないと認められたものについては，分析を簡潔に行う趣旨から，あえて細分化せず，「その他」とした。

　「事業類型別分類」による114の不正件数は，「商品売買」や「請負」が多い結果となった。

　請負業では本業である請負事業，卸売業や小売業でも本業である商品売買事業で大半の不正が起こっているが，製造業やサービス業では本業でない事業で多くの不正が起こっている。

事業類型／業種	1 製造業	2 請負業	3 卸売業	4 小売業	5 サービス業	総計	割合 (%)
1 製造販売	17				1	18	16
2 請負	3	12			10	25	22
3 商品売買	7		13	10	10	40	35
4 サービス	1			1	12	14	12
5 その他	6		2	2	7	17	15
総計	34	12	15	13	40	114	100

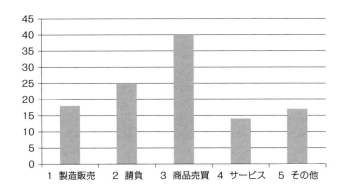

　なお,「その他」には,「特定の子会社の連結除外による連結利益の水増し」や「固定資産の減損処理の回避」といった会計処理を利用するもの,また,「架空ファンドの組成」「不正融資」や「小切手の不正使用」といった資金横領など,どの業種でも共通して発生しうるものを一つにまとめた。

(2) 会計不正の手口別に細分化

　「事業類型別分類」からさらに「会計不正の手口」別に分析した。「会計不正の手口」は,本書では,「業種別事例紹介」にて検討する内部統制および監査における対応との観点から,「自己決裁」「架空取引」「循環取引」「架空資産」「簿外債務」「原価付替」「在庫横領」に大別し,それ以外の手口は「その他」に集約した。

　その結果,「循環取引」は,商品売買事業で特に多く,「原価付替」は建設業界など請負事業での発生が多い。また,「自己決裁」は,いずれの手口とも併せて実行されていることが多く,「架空取引」および「架空資産」はほぼすべての事業類型で発生している。

　「その他」は,金融商品の減損の意図的な回避や,現金預金の着服(小切手の不正使用や不正送金)などがあげられる。

第2章 | 100社の不正事例分析　**37**

事業類型／不正手口	1 自己決裁	2 架空取引	3 循環取引	4 架空資産	5 簿外債務	6 原価付替	7 在庫横領	99 その他	総計
1　製造販売	8	7		5	1	4	1		26
2　請負	5	11	3	1		12			32
3　商品売買	7	14	12	9	1	2	2	3	50
4　サービス	3	8		5		2			18
5　その他	12			6	1			5	24
総計	35	40	15	26	3	20	3	8	150

5 発生場所別分類

(1) 全体分析

会計不正を発生場所別に分類すると，事業類型別の会計不正（114件）は，4割強が本社で発生し，それ以外の過半数が本社以外の管轄で発生している。本社以外では，3割程度が子会社で発生，その他，支店・営業所および事業部と続いている。

監査をする上では，金額的重要性や会計不正の発生の可能性を十分に検討したうえで，本社や本社以外の子会社，支店・営業所，事業部を選定し，効果的・効率的な監査を実施する必要がある。

発生場所	総計	割合(%)
1 本社	49	43
2 事業部	12	11
3 支店・営業所	20	18
4 子会社	33	29
総計	114	100

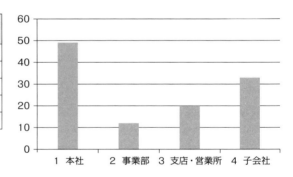

(2) 会計不正の手口別に細分化

「発生場所別分類」からも，さらに「会計不正の手口」別に分析した。その結果，「自己決裁」は「本社」で多いが，「子会社」でも比較的多く発生しており，「架空取引」は，「本社」の他，本社から地理的遠隔地にある「支店・営業所」および「子会社」においても，比較的多く発生している。

また，「架空資産」は，会社の利益増加につながることから，「本社」および

第2章 100社の不正事例分析 **39**

「子会社」を中心に発生し，「循環取引」および「原価付替」は，場所を問わず
実行されている。なお，「その他」のうち，金融商品の減損の意図的な回避が
本社で，また，小切手の不正使用が子会社で実行されている。

発生場所別／ 手口別	1 自己決裁	2 架空取引	3 循環取引	4 架空資産	5 簿外債務	6 原価付替	7 在庫横領	99 その他	総計
1 本社	21	15	4	14	1	4	1	4	64
2 事業部	5	4	2	3		4		1	19
3 支店・営業所	1	10	5			7	1		24
4 子会社	8	11	4	9	2	5	1	3	43
総計	35	40	15	26	3	20	3	8	150

事例1 **子会社社長のケース**

親会社はサービス業（運輸業）であるが，不動産業を営む子会社社長が，個
人的金銭欲を満たすために，自らの地位を利用し，固定資産の架空仕入を計上
した。その支払代金を架空仕入先名義の自らの銀行口座に振り込ませるなど，
総額3億円にのぼる金銭を着服した。

6 職階別分類

(1) 全体分析

実際の不正（件数114）は経営トップが3割，役員と合せると5割超が経営層による不正であり，監査上は，経営者による内部統制の無効化のリスクに十分な留意が必要である。その他，上級管理職，一般職員，下位管理職が2割弱の水準で発生している。

職階	総計	割合(%)
1 経営トップ	38	33
2 役員	22	19
3 上級管理職	19	17
4 下位管理職	16	14
5 一般職員	19	17
総計	114	100

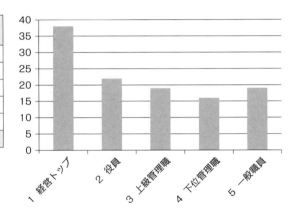

(2) 動機別に細分化

「職階別分類」をさらに「動機別」に分類した。動機は，誰の利益のために会計不正を実行したかの観点から，会社全体の業績確保，社内における所属部門の業績確保，個人の営業業績の達成，個人的金銭欲求の充足，さらには他社支援に大別した。

結果，「会社業績確保」の目的が最も多く全体の4割程度を占め，そのほとんどが「経営トップ」や「役員」といった会社経営層により実行されている。

続いて「個人的金銭欲求」が多く，全体の3割弱に達し，いずれの職階からも偏ることなく発生している。続いて，「部門業績確保」の目的が2割弱で，「上級管理職」や「下位管理職」が比較的多く，割合としては1割未満ではあるが，経営者同士の友好関係等を背景とした「他社支援」目的による会計不正も見られた。

職階／動機	1 会社業績確保	2 部門業績確保	3 個人業績達成	4 個人的金銭欲	5 他社支援	総計
1 経営トップ	26	1		8	3	38
2 役員	13	2		5	2	22
3 上級管理職	1	9	2	5	2	19
4 下位管理職	3	5	3	5		16
5 一般職員	2	2	7	8		19
総計	45	19	12	31	7	114
割合（%）	39	17	11	27	6	100

事例2 **減損回避のケース**

　　会社は不動産関連サービス業であるが，市場価格が簿価の半額にも満たない金額で評価された販売用不動産物件に対して，自社の事業用固定資産であるかのように取り扱い，不動産鑑定士を誘導し，将来の収益還元法による不動産鑑定評価額を付すことで減損（評価減）を回避した。

　　本事例は，自社の業績確保の目的で，経営陣が主導したものであるが，簿価総額33億円の物件が減損（評価減）処理されない結果となった。

7 金額規模別分類

(1) 全体分析

不正の手口1件当たりの影響額（金額規模）として，「10億円未満」「10億円以上50億円未満」「50億円以上100億円未満」および「100億円以上」の範囲に大別した。割合としては，10億円未満が6割強，10億円以上50億円未満が2割強あるものの，規模の大きな会計不正が長期化し，50億円以上や100億円以上に達する不正も発生している。

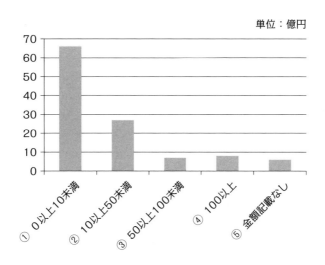

(2) 「勘定科目属性別」に細分化

「金額規模別分類」をさらに「勘定科目属性別」に細分化した。勘定科目属性は，取引の内容を切り口に，以下の4つに大別した。

第2章 | 100社の不正事例分析　**43**

> 1．営業（売上高・仕入高・棚卸資産）
> 2．資金（現金預金・貸付金・借入金）
> 3．固定資産
> 　（有形固定資産（建設仮勘定を含む）
> 　無形固定資産（ソフトウェア，のれんを含む））
> 4．雑勘定（経費その他）

「営業関係」は，全体の7割でトップを占め，あとの3割程度を順に「固定資産」「資金」および「雑勘定」で1割程度ずつを分け合った。

営業関係で100億円超の事例は，循環取引による会計不正であった。

「科目属性別」では，100億円以上に達するものは，「営業」が多いものの，「資金」「固定資産（のれん）」でも発生している。

金額規模（億円） ＼ 科目属性	1 営業	2 資金	3 固定資産	4 雑勘定	総計	割合 (%)
① 0億円以上10億円未満	47	3	9	7	66	58
② 10億円以上50億円未満	20	4	2	1	27	24
③ 50億円以上100億円未満	5	1		1	7	6
④ 100億円以上	5	2	1		8	7
⑤ 金額記載なし	4		2		6	5
総計	81	10	14	9	114	100
割合（%）	71	9	12	8	100	－

事例3　循環取引で巨額の影響額が発生したケース

会社は水産食品加工業であるが，増収増益目標必達のため，仕入先，得意先を巻き込んで循環取引を行った。対象となった商品は営業倉庫に在庫されたまま，名義変更が長期継続的に繰り返され，最終消費者に届くことはなく，総額850億円に到達する規模の架空取引が計上された。

⑶ 「職階」別に分析

　「職階別」では，経営者による不正が，権限範囲も大きいことから，多額となる傾向にある。

金額規模＼職階	1 経営トップ	2 役員	3 上級管理職	4 下位管理職	5 一般職員	総計
① 0億円以上10億円未満	18	13	11	10	14	66
② 10億円以上50億円未満	8	6	4	5	4	27
③ 50億円以上100億円未満	4		2	1		7
④ 100億円以上	6	1	1			8
⑤ 金額記載なし	2	2	1		1	6
総計	38	22	19	16	19	114
割合（％）	33	19	17	14	17	100

業種・事業別の不正パターン

1 製造業

典型的な不正経理パターン

- 製造販売プロセスの中で不正が発生するケースは比較的少ないが，仕掛品等の**在庫操作**に関係した不正は一般的に行われている。棚卸データを改ざんして在庫水増しするケース，原価計算を利用して原価配分を操作するケース，有償支給材など仕入先・外注先を絡めた在庫単価の調整などいくつかの手口が存在する。
- 本社や事業部，あるいは関係会社の**経営者・役員**が利益創出ないしは横領目的で不正経理の伝票を**自己決裁**するケースが多く見られる。経営者による内部統制無効化の事例が多い。取引先に請求書等の外部証憑の偽装を依頼する場合もあるが，多くは承認権限者による自己決裁という単純な手口で多額の不正経理が行われている。
- **支店や営業所**で仕入先や外注先と通謀ないしは単独で**経費等の架空・水増計上**を行いキックバックや支払資金の搾取等の不正を行うケースが多い。小さな金額を数年間にわたり操作している場合が多く，発見が遅れ被害が数億円に上ることもある。
- **本業以外の請負事業**や**商品売買事業**で起こるケースが多い。専業の請負会社や商社に比べ内部統制が弱いことが多く，それらの事業特有の架空オーダーや原価付替，循環取引といった手口で不正が行われる。

（経営管理上の特徴）
- 製造販売プロセスにおいては，営業・購買・設計・製造・物流の各機能が分離されており，通常の業務フローの中で架空オーダーを創出することは難しい。
- 実地棚卸により売上原価を確定させているメーカーもあるが，通常は在庫の受払システムがある。
- 業務システムと経理システムとが連動しておらず，売上，仕入伝票が手入力のバッジ処理になっているケースもある。

- 在庫評価減ルールが会社によって異なっている。
- 関係会社におけるガバナンスや内部統制が弱く，単純な手口の不正を防止できない体制になっている場合がある。
- 営業担当者を個人別に管理していないケースが多く，支店や営業所といった出先拠点における帳票管理や内部統制が弱い場合がある。
- 本業以外に請負事業や商品売買事業を行っている場合は，本業に比べ内部統制が弱くなる場合が多い。

1 経営管理上の特徴

> ⚠ 売上高に関する不正は，本業以外の事業で発生しやすい！

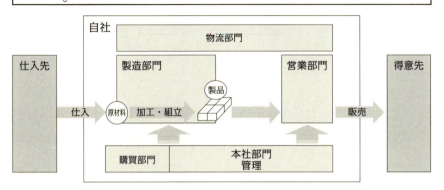

　製造業の特徴として，営業・購買・製造・物流等の各機能が複数部門に分離されていることが挙げられる。これは，1つの製造指図に対し複数部門が関与するため，業務分担による内部牽制機能が働きやすいことを意味する。したがって，架空の注文書を創出し架空売上を計上することは比較的難しいと言える。

　他方，製造業にて複数事業を行い，本業以外に請負事業や商品売買事業を行っている場合や，その他の事業を行う関係会社（商社等）がある場合には，当該事業領域におけるガバナンスや内部統制が弱く，単純な手口の不正を防止できない場合がある。

　また，生産管理システムなどの業務システムと経理システムとが連動しておらず，仕入伝票や売上伝票が手作業の処理になっているケースがある。さらに，営業担当者を個人別に管理していないケースが多く，支店や営業所といった出先拠点における帳票管理や内部統制が弱い場合がある。

　製造業の売上計上の業務フローは，製造プロセスを除けば一般的に，①受注→②出荷指図→③出荷→④売上計上→⑤請求→⑥入金という流れになっている。

　内部統制が充実している会社では，上記の①受注と②出荷指図は営業担当，

③出荷は倉庫担当，④売上計上と⑤請求は自動システム，⑥入金は出納担当が
実施するというように組織的に業務が分離されているケースが多い。

　しかしながら，支店・営業所や子会社等では営業担当が倉庫担当や出納担当
を兼務したり，それらの担当者が同一の上司の指揮命令下にあったりする。こ
のように内部牽制上の弱点がある場合，架空売上などの不正の機会は販売プロ
セスにおいても十分存在しているといえる。業務フローの中の各業務の担当者
は誰か，内部結託する可能性はないか，上位権限者による介入余地はないかに
ついて，注意深く観察し，理解しておく必要がある。

第3章 業種・事業別の不正パターン **49**

2 どのような不正が起こりやすいか

(1) 典型的な不正経理パターン① 在庫の過大評価

> 想定される内部統制の弱点

☑ 在庫管理システムと経理システムとが連動しておらず手作業の処理がある。
☑ 期末在庫の数量や単価の調整の業務が特定の担当者に集中している。

　製造業では，販売プロセスの中で不正経理が発生するケースは比較的少ないが，仕掛品等の在庫金額の操作に関係した不正も比較的起こりやすい。棚卸データを改ざんして在庫を水増しするケース，原価計算を利用して実際原価や原価差額の原価配分を操作するケース，有償支給材など外注加工先に関わらせて棚卸資産数量や単価を調整するなどの手口が存在する。

事例1 特定の担当者が期末棚卸資産在庫の数量や単価を調整

　　Ｏ社のＳ工場にて，製造部門従業員が，自己の所属する部課の部門損益を実態よりも良く見せるために，実地棚卸の際に仕掛品や原材料の数量や単価を操作して，在庫の過大計上を行った。本事例は実地棚卸時に担当部署以外の第三者のチェックが入らない仕組みが悪用された。

---

(2) 典型的な不正経理パターン② 自己決裁，架空経費計上と流出資金の着服

> 想定される内部統制の弱点

☑ 工場や支店，営業所で職務の兼務がある。
- 発注者が検収
- 購買担当者が在庫管理
- 経理担当者が出納管理
- 経理責任者が固定資産や・資材の購入

本社や事業部，あるいは関係会社の経営者・役員が利益創出ないしは横領目的で不正経理の伝票を自己決裁するケース，経営者により内部統制が無効化される事例が比較的多くみられる。取引先に請求書等の外部証憑の偽装を依頼する場合もあるが，多くは承認権限者が自己決裁を行うことにより多額の不正経理が行われている。

工場の製造部門の担当者が消耗品等を発注し，自ら検収する仕組みになっていれば，数量調整等で容易に不正は可能である。

購買担当者が自ら在庫管理する場合は，在庫横流しをしたとしてもすぐに見つかることはない。経理担当者や責任者が資金やものを直接扱う場合も不正な伝票操作や台帳記帳は容易である。

また，支店や営業所で仕入先や外注先と通謀ないしは単独で仕入や経費等の架空・水増計上を行いキックバックや支払資金の搾取等の不正を行うケースが多い。少額を数年間にわたり操作し，発見が遅れ被害が数億円に上ることもある。

事例2　発注と検収

K社の営業所職員は，個人的金銭欲求を充足する目的で，資材を水増発注し，現物を横流しして資金化していた。

営業所において発注者と検収者が同一人物になっており，また，購買部の内部牽制が脆弱であったことを悪用した。仕入発注依頼の根拠となる注文書もなく，購買部担当者に電話で仕入先宛てに，資材の発注を依頼。搬入場所を自己宛てとし，自らが単独で検収。到着資材を近隣の廃品業者に転売し，代金を着服した。

(不正発生時の業務フロー)

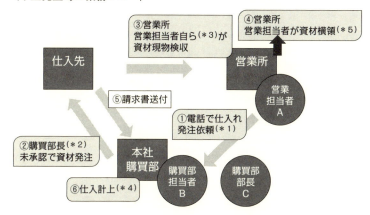

(問題点)
(＊1) 電話で購買部宛に仕入発注依頼
　　　電話のみの場合，発注依頼の記録と発注理由（販売先・販売目的）などの記録が残らない。
(＊2) 購買部長など，上席者の承認なしで発注している。
(＊3) 基本的に荷受担当者が検収を行う。
(＊4) 仕入先からの請求書のみに基づき，購買部が仕入計上を行っており，納品の事実の確認ができていない。
(＊5) 資材横領を長期間にわたって看過。資材の仕入れ後の管理が不十分。

(あるべき業務フロー)

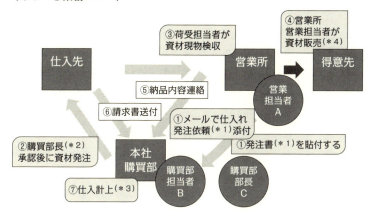

（＊1）　メールで購買部宛に仕入発注依頼

　　　メール発注の場合，発注依頼の記録が残り，得意先からの発注書をメールに添付することにより，発注理由（販売先・販売目的）などの記録が残る。

（＊2）　購買部部長の承認を得る。

（＊3）　購買部は，⑤営業所からの納品内容連絡（内部資料）を受けて仕入計上を行う。

　　　また，⑥請求書は納品内容と照合したうえで，債務支払手続に移る。

（＊4）　資材の仕入れ後の管理（在庫受払い管理）を実施。

⑶　典型的な不正経理パターン③　会社の非中核事業や子会社で実施される原価付替および循環取引

想定される内部統制の弱点

　会社の非中核事業（製造業の会社の場合は，中核となる事業（製造販売）以外の事業（請負，商品売買など））は，専業の請負業者や卸売業者と比較し，内部統制が弱いことが多い。

　会社の中核事業である製造業（製造販売業）以外で請負業や商品売買業を行う場合や子会社で請負業や商品売買業を行う場合に不正が起こるケースが多い。請負業や商品売買業を中心に行う事業者に比べ営業担当者個人に対する牽制機能が弱く，内部統制が弱いことが多く，主に，原価付替および循環取引といった手口で不正経理が行われる。

事例3　親会社は製造業，子会社は販売会社である場合

　親会社は国内の精密機器製造業であるが，海外の販売孫会社において，会社業績確保のため，孫会社の経営トップが架空売上高の計上および費用の繰延処理を繰り返し，総額75億円にのぼる粉飾決算が行われていた。

第3章 業種・事業別の不正パターン **53**

3 事例研究

> ! 子会社が黒字決算報告をするため在庫操作！

(1) 事例概要

●目　的

　子会社社長が親会社に対し黒字決算の報告をするために，経理部長に命じて，粉飾決算を指示。

●手　口

　子会社社長が経理部長に期末実地棚卸の結果を集計した在庫品集計表の改ざんを指示し，在庫の過大計上を行った。

●発覚の経緯

　子会社の月次業績報告が，売上の増減と利益の増減とが連動しない傾向を示していた。親会社の調査（管理部門である経営企画部による，子会社社長への聞き取り調査等）から，棚卸資産残高に問題があると思われたため，内部監査室による定期的な内部統制監査実施時に棚卸資産について重点監査を実施。実地棚卸集計表と経理在庫品集計表との照合の結果，在庫金額を過大計上している疑念が高まった。この時点で，子会社社長から親会社社長に対し，不適切な会計処理を行っていた旨の報告があった。

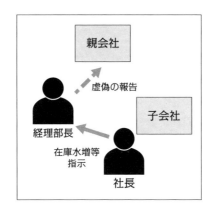

(2) 会社はどのような内部体制を構築すべきか

この不正事例の特徴は下記の通りである。
① 経営トップである子会社社長の指示により,承認責任者である経理部長と購買・生産管理課長とが共同して帳簿操作を実行し,自己決裁している。
② 生産管理システムと経理システムとのシステム的な連携がなされておらず,生産管理システムデータを表計算ソフトに出力し,それを在庫のデータとして集計・加工し会計処理をしている。本件水増し処理においては表計算ソフト形式の在庫品集計表が改ざんされており,実地棚卸結果の調整が容易にできる環境にあった。
③ 在庫品集計表は表計算ソフトにて経理部長の指示により経理課長が作成していたが,一部手入力にて対応すべき部分が残っているにもかかわらず,ダブルチェック等の間違いを防止する処置が取られていなかった。

これらに対して,下記のように内部監査・業務管理を強化することが考えられる。

第3章 業種・事業別の不正パターン **55**

- ●親会社による子会社モニタリング体制の強化（異常値分析を含む）
- ●生産管理システムと経理システムとのシステム的連携
- ●実地棚卸の内部統制の強化
- ●内部通報制度の充実

⑶ 会計監査人の不正対応の着眼点はどこか？

① 子会社往査時に，在庫計上や実地棚卸の業務フローをヒアリングし，棚卸
 データを改ざんする機会がどこにあるかに注目して内部統制上の弱点を把握
 する。特に棚卸計算法（売上原価の計算をするにあたり，期末の棚卸資産の
 実地棚卸結果から当期の棚卸資産の消費量を計算する方法）を採用している
 会社については期末利益操作の可能性に留意する。

② 実地棚卸の際に作成された棚卸原票と，システムにより集計された後の段
 階の棚卸集計表を照合し，両者の間で齟齬がないかを確認する。

③ 品目別売上，仕入，製造原価，売上総利益率，在庫等の月次推移あるいは
 債権債務，在庫の回転期間分析等により，異常値分析を行う。

4 監査のポイント（詳細）

☑ 製造販売プロセスを業務記述書等により十分に理解し，架空オーダーが発生しない業務フローになっているかを確認する。

☑ 外注仕入品は社内で実在性を確認できない場合があるので，外注仕入については取引先別分析等により異常点がないか確認し，異常点を認識した場合は抜取実査等を行う。

☑ 製品や仕掛品の評価がどのように行われているかを把握し，原価計算に基づく原価差額の配賦等原価配分に恣意性が入る余地はないか確認する。

☑ 形式的な重要性の観点から内部統制監査制度の対象から外れている領域で不正が発生しやすいことを認識し，DA（データ・アナリティクス）の手法を適用するなど異常点分析を継続的に実施する。特に次の領域に留意する。

（製造業において不正が発生しやすい領域）

① 関係会社　　②支店・営業所　　③本業以外の事業

① 関係会社について

● 不正防止の観点から循環的に往査し，売上，仕入，在庫の計上がどのように行われているか，業務システムから経理システムへのデータの受渡しはどうなっているか，バッジ処理，起票，転記の際に数字を操作できる可能性がないか，それを牽制して防止できる仕組みになっているかをまずヒアリングにより把握し，弱点を認識すれば一歩踏み込んで帳票突合等を行う。

● 営業科目以外の重要勘定でない科目も通査し，売掛金・買掛金の赤残が紛れていないか，仮払・仮受等の未精算勘定が多額になっていないか，滞留していないかを確認する。また，直近の税務申告書も通査し，使途秘匿金等異常な加減算項目がないか確認する。

● 預金通帳を通査し，監査に備えて帳尻合わせの入出金がないか確認する。

第3章 業種・事業別の不正パターン　**57**

- 親会社の迂回融資等の道具にされている場合があるため，親会社からの多額の貸付金や出資金があればその経済的合理性をヒアリングや議事録等により確認する。
- 経営者・役員の自己決裁による単純な手口が多いので，期首・期末の多額あるいは丸い数字の損益関連仕訳を通査し，異常点があれば必ずヒアリングし，適宜証拠書類と突き合わせる。

②　支店・営業所について

- こまめな反復型の不正経理が多いのでDA（データ・アナリティクス）の手法により，拠点ごとの計数分析（回転率，粗利率，経費率，修正入力頻度，時間外入力件数，1人当たり指標など）を行い，異常性が認められた場合は，質問および証憑依頼，内部監査室への調査依頼，拠点往査の実施等の対応を検討する。
- 拠点往査の際には，売上・仕入・在庫の計上がどのように行われているか，承認手続，帳票管理がどうなっているかをヒアリングし，内部統制の整備状況を把握する。
- 形式的な売上・仕入証憑の照合チェック，債権・債務・在庫の滞留・赤残チェックで終わるのではなく，業務フローの中で手作業によるデータ入力，転記など不正のチャンスがどこにあるか，内部統制の弱点に留意して，質問し，必要なら物流証憑等との照合を行う。

③　本業以外の請負事業や商品売買事業について

- 製造業の発想をベースに作り上げたシステムを適用している場合，計数管理が不十分になり，不正経理が発生しやすいことを念頭に入れて，形式的な重要性にとらわれない心構えが必要である。
- システム統制を含む内部統制，計数管理，営業担当者へのモニタリング体制において，専業の請負会社や商社等に比べどこが足りないか，基本的なところを業務記述書の閲覧やヒアリングにより把握し，弱点を認識すれば実証手

続を実施する。また，会社に対し管理上の弱点の補強を指導事項として要請する。

● 期末・期首の多額な損益関連の仕訳テストや営業データの分析を行い，異常点のある担当者，取引先を洗い出し，重点的に調査する。

● 経営者・役員が積極関与して不正経理する場合は単純な手口が多いため，仕訳テストを実施し，入力者 ID や摘要欄等をキーにして自己決裁入力した形跡はないか，期首・期末の異常な損益関連仕訳がないかを調査し，異常点があれば証拠書類と突き合わせる。

● 取扱い商品とマッチしないような仕入先からの仕入など異常な商流が認識された場合は，取引先に対し不正取引に荷担していないか否かを問うアンケート調査を実施することも検討する。

第3章 業種・事業別の不正パターン　59

2 請負業

典型的な不正経理パターン	実在する品番間あるいは**架空オーダー**により創出された品番への**原価付替**による損益操作や工事進行基準の適用の調整による売上創出の手口が幅広く見られる。 取引先との貸し借りができやすい業界であるため、営業担当者ないしは責任者が自ら品番間の原価配分を行うことができる状況にあると、不正経理は比較的簡単にかつ大規模に行われる。

(経営管理上の特徴)

- 地元の施工業者など、業種的に取引先との間で貸し借りの関係ができやすい。子会社もまた請負業の場合、親子間取引において内部統制が無効化されるリスクが高い。
- 管理会計として品番ごとに工事売上、工事原価、損益の管理をしており、損益率等の目標管理をしている場合がある。
- 会計処理として工事進行基準と工事損失引当金の論点があり、総工事原価の見積りが決算に大きな影響を与える。
- 品番間の原価配分に対する内部統制が弱い場合やその妥当性を検証しづらい場合が多い。
- 工事進捗率の検証が難しい場合がある。
- 外部結託により発注書、検収書、請求書、工事計画書等の外部証憑が偽造され、架空オーダーの創出により容易に架空品番を発行できる場合がある。
- システム開発案件の場合、成果物の実在性が確認しづらい場合が多い。

1 経営管理上の特徴

> **営業担当者の裁量範囲はかなり広い！**

　請負業は、案件ごとの受注に対応した役務提供を主たる業務とするものをいい、本書では、主として建設業やソフトウェア開発業を想定している。

　請負業の主な業務フローは、①業務の受注（受注登録）、②設計、③資材の調達、④製作（施工）や⑤外注先の手配、⑥発生した原価の複数の受注案件へ

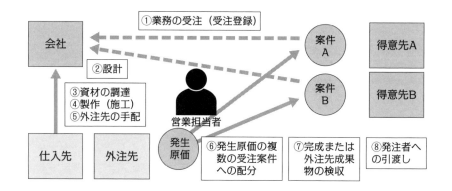

の配分,⑦完成または外注先成果物の検収,⑧発注者への引渡しとなる。

　ここで,①〜⑧の一連の業務において,各種情報は営業担当者に集約され,営業担当者の裁量範囲が拡大する傾向があり,業務分担から期待される内部牽制機能が低下し,上席者による事後承認手続のみに依存した内部統制となりやすいといった特徴がある。

　また,受注先や外注先との取引が継続するなかで,必要に応じて相互に取引内容や取引条件の便宜を図るなど,いわゆる「貸し借り」ができやすい業界でもあり,場合によっては,外部結託により,発注書,検収書,請求書等の外部証憑が偽造され,取引先同士が不正経理に荷担し合う結果となる危険もある。

　管理会計として個別受注品番ごとに,売上,原価,損益を管理し,利益率等を指標とした目標管理を行っている場合がある。ただし,共通原価の配賦においては,配賦基準が複雑であるケースがあり,そのため,品番間の原価配分の妥当性確認が困難である場合や,原価配分に関する内部統制が弱い場合がある。また,契約書を偽造して架空の受注案件を創出し,比較的容易に架空品番を発行し,原価を集計することが容易な場合もある。

　建設業においては,会計処理として,工事進行基準および工事損失引当金の論点があり,総工事原価の見積りが損益に大きな影響を与えることがある。

　ソフトウェア開発業においては,成果物（プログラムソフト）自体が有形ではなく,実在性の確認が容易ではない場合がある。

第3章 業種・事業別の不正パターン　61

2 どのような不正が起こりやすいか

　請負業における業務は，営業担当者の裁量範囲が広いことが特徴であり，内部統制の脆弱性が不正の引き金となる場合が多い。

(1) 典型的な不正経理パターン①　原価付替

　想定される内部統制の弱点

　　☑　発生原価について，営業担当者自らが工事番号間の原価配分を行い，それに基づいて経理処理が行われる。

　営業担当者が，期中に完成した工事番号（例：案件A）の成果物に係る原価を，期末仕掛中の工事番号（例：案件B）に付け替えることにより，期中発生額としての売上原価（費用）を減少させ，期末仕掛品原価（資産）を増加させる。これにより費用計上が不当に先送りされ，利益の前倒計上を行うことが可能である。

> 事例1　出張所所長が業績目標達成のため架空案件を創出し原価を付替
>
> 　O社のS出張所所長は，取引先T社に，本来とは別の工事物件名で虚偽の請求書を発行するように依頼した。S所長は，工事担当者と共謀して工事日報，勤務実績表等の内部資料を改ざんし，T社からの請求書と符合させたうえで，別途，不採算工事で発生した原価を，当該架空の工事の原価として付替を実行した。
> 　その結果，不採算工事における工事損失の発生を回避した。

(2) 典型的な不正経理パターン②　架空経費計上および支払資金の着服

　想定される内部統制の弱点

　　☑　営業担当者が自ら得意先からの受注登録を行い，それに基づき，発生原価の集計単位となる工事番号を発行する。

☑ 営業担当者が自ら仕入先ないしは外注先からの納品の検収を行う。

営業担当者が売上サイドの受注登録を行い，さらに仕入サイドの納品の検収も行っている場合，注文書および納品書等の内部統制上必要な外部資料の偽造により架空売上および架空原価の計上は容易になる。

事例2 営業部長が遊興費捻出の目的で架空発注し支払資金を着服

　M社のX営業部長は，銀行システムの受注案件について，事業実体のないN社の代表者Yと共謀し，コンサルティング費用・保守サービス費用の名目で架空の外注費を創出し，自己決裁により，N社に対する支払いを実行した。外注費の支払資金はXとYとの間で着服，X営業部長は自らの遊興費に充当した。また，N社から納品された成果物のDVDは，M社の自社制作分を転用し，X営業部長自らが検収していた。

---

(3) 典型的な不正経理パターン③　売上高の前倒計上

想定される内部統制の弱点

☑ システム開発の場合は成果物の実在性の確認が容易ではないため，検収手続が必ずしも十分に行われない。

取引先との「貸し借り」関係が生まれるなか，営業担当者が得意先と通謀し，システム開発につき未了の成果物について内容が十分に確認されないまま得意先から検収を受けたこととし，売上計上が不当に前倒計上されるケースがある。

事例3 未検収物件につき顧客の形式的な署名をもって売上高を前倒計上

　P社は，年間売上予算を達成するため，電子組立装置事業のシステム受注案件の納品作業において，不具合があるにもかかわらず，顧客に対して後日，作業を行うことを約束したうえで，作業報告書に顧客から形式的に署名を受領，これをもって，検収を受けたものとして，売上高の前倒計上を行った。

第3章 業種・事業別の不正パターン **63**

⑷ 典型的な不正経理パターン④ 長期請負工事における売上高の前倒計上

　長期の請負工事において工事進行基準に基づく売上計上を行う場合に，総原価発生額を過少に見積り，工事進捗率を上げることにより，売上高を前倒し計上する場合がある。

事例4 　**長期請負工事における売上高の前倒計上**

　製造業を営むX社は，長期請負工事に関して，工事進行基準に基づき売上高を計上しているが，受注契約額100億円に対し，総工事見積原価80億円のところ，過少60億円に見積りを行った。すなわち見積売上総利益率20%[*1]のところ，過大に40%[*2]に見積りを行った。

　会社は，当期の実際発生工事原価30億円に対応して，売上高50億円[*3]を見積計上したが，妥当な見積売上高は37.5億円[*4]であり，差額12.5億円[*5]が売上高前倒し計上となった。

（＊1）　見積売上総利益（100億円−80億円）／売上高（契約額）100億円＝0.2
（＊2）　過大見積売上総利益（100億円−60億円）／売上高（契約額）100億円＝0.4
（＊3）　見積売上高　30億円÷見積原価率（1−0.2）＝37.5億円（図E＋G）
（＊4）　過大見積売上高　30億円÷過大見積原価率（1−0.4）＝50億円（図A＋C）
（＊5）　当期前倒し売上高計上額　50億円−37.5億円＝12.5億円（図E−A）

	適正な見積額	図表	売上過大見積	図表
受注契約額	100億円	A＋B＋C＋D	100億円	E＋F＋G＋H （面積は同左）
総工事見積原価	80億円	C＋D	60億円	G＋H
見積売上総利益	20億円	A＋B	40億円	E＋F
当期実際発生原価	30億円	C	30億円	G （面積は同左）
当期売上高	37.5億円（＝30/0.8）	A＋C	50億円（＝30/0.6）	E＋G
当期売上総利益	7.5億円（＝37.5−30）	A	20億円（＝50−30）	E

利益 {
A	B

原価 {
C	D

E（＞A）	F
G（＝C）	H

3 事例研究

> ⚠️ **事業部長が業績達成のため架空オーダーを創出し原価付替！**

(1) 事例の概要

●目　的

　原価率ノルマ達成のため，事業部長が，架空の受注を創出し，別案件で実際に発生した原価について，当該架空の工事番号への付替を行った。それにより工事進行基準を利用した売上創出，架空仕掛品残高への原価振替，案件ごとの損益調整等の不正経理を実行した。

●手　口

　先方の担当者印を偽造し，虚偽の注文書を作成，架空の受注を創出する。その後，原価配分表を調整し，架空の受注案件に係る工事番号へ，あるいは実在する受注案件相互間で，発生原価の付替が行われた。これにより，工事進行基準による売上高過大計上，受注案件間で利益調整がなされた。

　回収代金は，実在売上からの入金を架空売掛金への充当に流用し，滞留調査対象となることを回避。得意先に送付するはずの注文請書は破棄していた。

●発覚の経緯

　得意先に対して多額の未請求売掛金が滞留しており，理由を当該事業部長に確認したところ，公共事業案件は5年周期で検収されると説明があった。しかし，別途，前任者からは，当該得意先の検収は早期に行われる旨の説明があったことから，事業部長の回答の不整合が露見し，架空売上高およびそれに伴う架空売掛金の計上が発覚した。

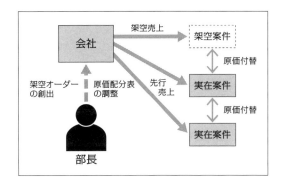

(2) 会社はどのような内部体制を構築すべきか

　経営管理部署においては，①架空受注案件，原価配分に係る内部牽制組織を構築し，②原価配分の妥当性チェック体制の強化を図り，また，③工事番号別に，売掛金・仕掛品の滞留チェック体制の整備および強化を図ることが望まれる。

　システム関係部署においては，①担当者別日別売上高および売上原価リストを整備し，②工事番号別の納期，工事原価発生の時期および金額の把握を行い，③売上総利益の計画と実績の比較を行う。また，④工事番号別に売掛金および仕掛品の年齢管理を行う。別途，長期滞留しているものについては，その理由を確認し，回収可能性を確認する。

(3) 会計監査人による不正対応の監査の着眼点はどこか？

① 個別案件の実在性について得意先に直接，取引内容の確認を行う。
② 工事進行基準による売上高と売上原価の発生に異常はないか，具体的には，売上原価の計上は実際の該当工事の進捗と整合しているか，また，工事実績と工事計画とのかい離に異常はないかを確かめる。
③ 納期遅れの工事案件や滞留仕掛品について営業担当者へ直接ヒアリングを行い，関連資料として作業実績表を査閲するなど，工事の実在性を確かめる。
④ 工番ごとの粗利分析を行い，異常な工番はないかを確かめる。

4 監査のポイント（詳細）

☑ 会社の営業監視の仕組みがどうなっているのか，システム統制を含め内部統制を十分把握する。

- 品番登録の内部統制において，架空オーダーが創出されない仕組みになっているか（受注・設計・外注委託・納品検収・原価配分・経理の分離）。
- 原価配分が営業担当者が任意に実施できるようになっていないか。
- 総工事原価と工事進捗率の見積りの妥当性を確かめる根拠資料は整備されているか。
- 仕掛品，売掛金の滞留管理が行われており，営業に対し統制が効いているか。
- 売掛金残高確認の差異分析が適切に行われているか。

☑ 異常点監査の実施

- 営業データの入手・分析により異常点を検出し，証憑突合を実施する。

DA（データ・アナリティクス）の切り口・着眼点	証憑突合の留意点
● 期末売上急増担当者あるいは品番 ● 異常損益率，短納期巨額案件 ● 翌期首の売上・仕入取消	● 懸念のある品番については，売上サイドの証憑だけでなく，仕入・原価計上サイドの証憑と照合する 　調達資材→物流証憑（日付，納入場所等） 　労務費→作業実績表

☑ 抜取りにより現場確認を行う。システム開発の場合は専門家による機能評価の依頼を検討する。

☑ 売掛金残高確認だけでなく，対象工事に関する個別の物件確認の実施も検討する。また，大きな残高確認差異について十分検証する。翌期首取消や長期滞留の売掛金は架空売上の可能性が高い。

☑ 工事の進捗率については，全体の工程表を入手し，その中での作業進捗と工事原価の発生との対応関係を確認する。

☑ 原価配分については作業実績，労務実績資料との整合性を確認する。

第3章 業種・事業別の不正パターン　**67**

エピソード2　データ分析と現場視察

＜シーン1＞

　中堅土木建設業・平成工事株式会社（3月決算会社）の監査チームであるマネージャーの瀬津会計士とシニアの高木会計士が，3月下旬の期中監査を終え，サンライズ監査法人のオフィスに戻り，相互の情報共有とともに会社法監査報告書日付となる5月中旬にかけて実施する期末監査に向け，必要となる監査手続について，話し合っていた。

高木：在宅会計士の松川知子マネージャーに作ってもらった，このデータ分析，見やすくって良いですよね！

瀬津：見やすいだけじゃいかんぞ。いかに意味のある分析ができるかだ。

高木：見てくださいよ！　図表(1)は，工事番号ごとの，（横軸）工期の推移と，（縦軸）工事原価の計画累計金額と実績累計金額が，折れ線グラフで表わされているため，工事別にどれだけ計画金額と実績金額に乖離が出ているのか，一目でわかります。

瀬津：一件一件の工事について，見やすいといえば見やすいかな？　でも，一つひとつ見ていく必要があるな。ただ，私が作った図表(2)のように期末時点での状況について（横軸）に工期の進捗をとり，（縦軸）を計画と実績の差額をとって散布図で表せば，一目で，全工事の進捗度と計画実績の差額がわかるな！

高木：なるほど，そうですね！　はじめの表は，工事ごとの時系列データでしたが，瀬津さんの表は，特定時点，今回の場合は当期末時点での全工事の計画実績差額を一覧できるクロスセクションデータになっていますね！　ん？　散布図のなかで，この，工事 NO.3185が目立ちますね！　進捗度は比較的低いのに差額が突出しています！

瀬津：よし，次の現場視察の対象は，NO.3185に決まりだな！　あわせて，地理的に近接しており，3月中旬に完成したとされる NO.3173や，NO.3186も抜き打ちで現場視察をしようじゃないか！

工事原価累計		前期				当期				D	E	F(E-D)	G(F/E)
	NO.3173	1Q	2Q	3Q	4Q	1Q	2Q	3Q	4Q	契約額	利益	粗利率
A	計画（百万円）	100	200	300	400	500	600	700	800	1,000	200	20%
B	実績	120	250	390	520	680	820	830	840	1,000	160	16%
C	差額（B−A）	20	50	90	120	180	220	130	40	当期実績売上高 1,000−650=350 当期発生原価 840−520=320		

前期進行基準売上高
520/(1−0.2)=650

工事原価累計		当期				翌期				D	E	F(E-D)	G(F/E)
	NO.3185	1Q	2Q	3Q	4Q	1Q	2Q	3Q	4Q	契約額	利益	粗利率
A	計画（百万円）	100	200	300	400	510	620	730	840	1,000	160	16%
B	実績	110	230	360	560					667		16%
C	差額（B−A）	10	30	60	160					当期進行基準売上高 560/(1−0.16)=667		

工事原価累計		当期				当期				D	E	F(E-D)	G(F/E)
	NO.3186	1Q	2Q	3Q	4Q	1Q	2Q	3Q	4Q	契約額	利益	粗利率
A	計画（百万円）	−	−	100	200	310	420	530	640	800	160	20%
B	実績	−	−	110	210					263		20%
C	差額（B−A）	−	−	10	10					当期進行基準売上高 210/(1−0.2)=263		

(1) **工事番号別原価推移（計画実績比較）**

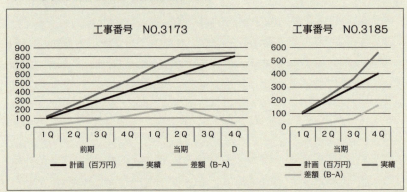

(2) **工事番号別計画実績差額**

累計四半期	1	2	3	4	5	6	7	8
NO.3173								40
NO.3174								30
NO.3175						20		
NO.3176						25		
NO.3177					19			
NO.3178				15				

	1	2	3	4	5	6	7	8
NO.3179								
NO.3180				14				
NO.3181			12					
NO.3182			13					
NO.3183			18					
NO.3184		8						
NO.3185		5		160				
NO.3186		10						

差額（B−A）

160 ○ 3185
120
80
40
35
30
25
20
15
10
5

累計四半期 | 1 | 2 | 3 | 4 | 5 | 6 | 7 | 8

＜シーン2＞

　4月5日の朝，マネージャーの瀬津会計士とシニアの高木会計士は，会社の経理担当者とともに，工事進行基準により売上高計上されているNO.3185の工事現場に立っていた。そこには，業者から直接搬入された建築資材が山積みされているのみで，何らの工事の進捗は見られなかった。

　瀬津は，経理担当者を通じて，経理部長に電話し，現実には工事が始まっていない旨，当期進行基準売上高667の取消処理を検討すべき旨を連絡した。あわせて，当期末完成物件NO.3173および近隣のNO.3186も追加で現場視察をする旨を伝えた。

　そして，NO.3173の現場に到着したが，目の前にあるのは，いまだ建設中で未完成の物件であった。工事の現場監督者にきくと，当期末完成予定ではあったものの，作業の人材の確保が難航しており，ここ半年は割増賃金でようやく人手を工面しているとのことであった。現場監督者から提示されたNO.3173の作業報告書綴りを閲覧したところ，確かに割増賃金で人材確保をしており，実際のタイムカードも現存した。現場監督者から当該物件の営業担当者F氏宛てに，その

旨のメール報告もされていることを工事現場事務所のパソコン画面で確認した。

　また，この現場監督者とともに，NO.3186の工事現場に向かったところ，その物件は実在したが，同業他社による工事物件であった。瀬津はあらためて，経理部長に電話連絡し，NO.3173に係る工事完了報告書および NO.3186に係る工事契約書の真偽を確かめたい旨，発注者に残高確認および取引内容確認手続を行う旨，また，営業担当者 F 氏への面談を申し入れるとともに，残高確認の対象を，営業担当者 F 氏に係るすべての工事案件に拡大する旨を伝えた。電話が終わるとすぐに，瀬津は，業務執行社員の藤野に電話連絡を始めた。

　高木は瀬津が迅速に対処するのを横目で見ながら，当期末監査は，いつにも増して多忙を極めることになるだろうということを実感した。

【参考】　当期末監査において追加で必要となると考えられる手続

　1）　工事 NO.3185（進行基準売上高の前倒計上），NO.3173（完成基準売上高の前倒計上）および NO.3186（架空売上高計上）に関して，他に同様の不正経理はないかどうか（網羅性）の確認のために，まずは社内調査を依頼し，影響範囲が広い，ないしは金額規模が大きいと認識される場合は会社に調査委員会の設置を指導する。

　2）　調査委員会による調査内容（調査対象範囲，不正実行者へのヒアリング，その他担当者へのアンケートやヒアリング，メール（削除されたメールの復元を含む）の確認，帳簿や関連帳票の閲覧，取引先への不正関与の確認等）の十分性を確かめ，財務諸表に与える影響範囲，金額を把握する。

　3）　過年度遡及修正の要否を検討する。

　4）　財務諸表の適正性のみならず，内部統制の有効性の評価の見直しを検討する。

第3章 業種・事業別の不正パターン **71**

3 卸売業

典型的な不正経理パターン	事業部，支店，営業所の部長，課長，営業担当者が複数の**取引先と結託**して外部証憑を偽造し，架空仕入・架空売上を計上，それが常態化し**循環取引**に発展するケースが多い。 ●証憑書類に異常はなく，資金循環により決済も通常通り行われるため，スキーム全体が破たんするまで発見が難しい。 ●関係者が多岐にわたり，複雑で多数の経理操作が行われ，不正の全容解明に困難を伴う。 ●損失額自体が多額になりやすいうえに，不正事件発覚後に取引先，規制当局，メディア対応等に膨大な時間とコストがかかる。

（経営管理上の特徴）
● 営業担当者は商流（売上・仕入・加工委託・在庫受払）を一人で仕切っており，取引先との間で貸し借りの関係ができやすい。
● 専業商社では，通常は営業担当者を監視する部署が設置されており，統合的な業務システムがあり，部署別・担当者別の計数管理をしている場合が多い。
　▶営業債権・債務，在庫の滞留，赤残，サイト分析
　▶売上，仕入，粗利，経費率，在庫，使用資金の推移
　▶取引先別増減比較　など
● 在庫照合を全件実施している場合が多い。
● 与信管理が充実しており，取引先別債権管理はファクタリング先の選別も含め充実している場合が多い。
● 例外取引（仕切（未出荷）売上，異常粗利売買，決済サイト変更，与信オーバー）も稀ではなく，稟議制になっている。

1 経営管理上の特徴

> ╱ **営業担当者は，商流のすべてを一人で取り仕切る！**

　卸売業は，製造業者等，商流の川上から商品を仕入れ，小売業者等，商流の川下へ商品を販売する業態をいう。また，本書では，商社等でみられる，仕入，製造から販売までの商流を営業担当者が企画する業態も，卸売業に含める。

当業態の主な業務フローは，①得意先からの受注，②仕入先への発注，③営業倉庫からの入荷報告または仕入先からの営業倉庫への出荷報告による仕入計上，④支払，⑤営業倉庫または仕入先（直送取引の場合）への得意先に対する出荷指図，⑥出荷報告に基づく売上計上，⑦請求，⑧入金となる。

　④支払と⑧入金を除く一連の業務は営業部課内で決裁されることが多く，営業担当者に情報が集約され，得意先，仕入先や加工先との取引が継続するなかで，取引内容や取引条件の便宜を相互に図るなど，いわゆる「貸し借り」の関係が比較的生じやすい。

　ただ，商社等では，営業担当者の業務をモニタリングする部署が設置されている場合が比較的多く，統合的な業務管理システムにより，部署別・担当者別に下記の計数管理をしている場合が多い。

> ● 営業債権・債務，在庫の滞留期間分析
> ● マイナスの残高
> ● 回収または支払期日分析
> ● 売上，仕入，売上総利益率，経費率，在庫，使用資金の推移
> ● 取引先別債権・債務増減比較
> ● 与信限度管理
> 　など

典型的な卸売業の①〜⑧までの流れ

▼営業倉庫で在庫せずに仕入先から得意先に直接商品が発送される場合がある（直送取引）。
▼加工先に加工委託する場合があるが，仕入先への業務フロー（②〜④）と概ね同じである。
▼営業倉庫に在庫がある場合は，仕入先への発注は行わず営業倉庫に直接出荷指図する。

第3章 業種・事業別の不正パターン　　**73**

　在庫管理に関しては，加工委託先，外部の営業倉庫を含め，帳簿有高と現物ないし残高証明書との全件照合を行い，また，得意先の与信管理や債権管理，加工委託先の在庫寄託限度管理がシビアに行われたり，さらに例外取引（未出荷売上，異常な売上総利益率，取引代金の回収・支払期日変更，与信限度超過）についても，事前の稟議決裁をとるなどの内部管理体制が整っている場合もある。相当古い歴史のある商社などでは独自に不正防止・発見の仕組みを備え，不正の早期発見に努めている。

　しかしながら，製造業者の商社部門や，非上場会社の商社を買収して子会社化したケースなどで，モニタリング機能が必ずしも強いとはいえない場合もある。

2 ┃ どのような不正が起こりやすいか

　卸売業においても，営業担当者に取引や交渉の情報が集中するため，内部統制の弱点を突く不正が発生しやすい。

(1) 典型的な不正経理パターン①　循環取引

> 想定される内部統制の弱点

　　☑　営業担当者が仕入先および売上先と結託し，外部証憑を整え，資金決済が正常に行われると正常取引と区別できなくなる。

　循環取引は，仕入先→会社→売上先→仕入先→会社へと商品が循環して流れる取引であるが，仕入先および売上先と結託して仕入および売上計上に必要な出荷報告等の外部証憑を整え，期日通りに入金および支払も行われると，正常取引と判別が難しい。一般的に循環する度に在庫金額は膨らんでいくが，滞留在庫にはなりにくい。実在の商品の場合もあれば，架空商品の場合もあり，実在の正常在庫を装うため在庫証明を改ざんして発覚を免れようとするケースがほとんどである。

事例1　循環取引

　　営業部長が，部門業績の目標達成のため，仕入先が納品データを入力し得意先が検収することにより仕入取引および売上取引が成立する直送の伝送取引の仕組みを悪用し，複数の取引先と共謀して納品データを偽装し，循環取引を実行した。取引額に３％の手数料を上乗せし，その一部は首謀者の個人口座に振り込まれた。取引先から後日，虚偽の納品書，請求書，検収書が発行され，架空取引の発覚が回避されていた。

　循環取引の場合は，上乗せ手数料を対象在庫の「単価」のみならず，「数量」で調整する場合もある。その場合は在庫証明の数量も結託して改ざんする必要

第3章　業種・事業別の不正パターン　**75**

が出てくる。

⑵　典型的な不正経理パターン②　架空仕入高および架空売上高の計上

> 想定される内部統制の弱点

　　☑　営業担当者が仕入先と結託して仕入先からの出荷報告を偽造すると架空
　　の仕入および売上計上が容易に行われる。

　仕入先から売上先に直接商品が出荷される直送取引では，仕入先からの出荷
報告ないしは出荷データが偽装されると仕入および売上が容易に計上される。
また，売上先が検収し受入処理すると売掛金の入金が行われ，正常な取引と見
分けがつかなくなる。

　会社が売上計画を達成するため，仕入先と得意先の間の商流に介在し，実際
の商品の出荷がないにもかかわらず，仕入先が納品データを入力し，得意先が
検収報告を行う。これにより，架空の仕入高および架空の売上高が計上される。
場合によっては，仕入先と取引先が共謀し，会社が不正に巻き込まれるケース
もある。

事例2　**会社が不正に巻き込まれたケース**

　　H社は，知人の紹介で，海外の親子会社間の海産物の取引に介在した。海外
親会社P社には，仕入代金を前渡金として支払い，海外子会社S社からは，売
掛金を3か月後に回収し，P社とS社の間の与信調整の役割を果たしていた。

　　しかし，継続取引のなか，P社に前渡金を支払っていた一方で，S社からは
売掛金は回収されず，調査の結果，海産物は実際には納品されていないことが
分った。会社は前渡金および滞留売掛金について，損失計上を行った。

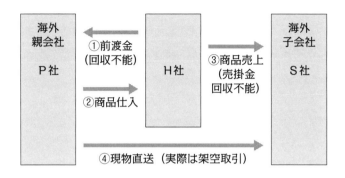

(3) 典型的な不正経理パターン③　売上値引き・割戻し未処理

> 想定される内部統制の弱点
>
> ☑ 出荷報告書等の外部証憑に基づいて営業担当者以外の者が売上計上する場合でも，営業担当者が，外部証憑を偽造したり，取引条件の変更等を隠匿した場合，社内の第三者が見破ることは困難である。

　得意先と営業担当者との交渉の結果，取引単価の改訂（売上値引き）や割戻しが合意されたが，値引きや割戻し処理が行わない結果，売上高および売掛金の過大計上となる。これが長期に放置されると，回収不能の売掛金が累積する。

事例3　売上値引きの未処理

　D社の営業担当者は，得意先A社と交渉し，販売量の増加と併せて単価改訂（値引き）を決定したが，営業成績を悪化させないように，売上債権の回収窓口である財務担当者に，その旨を報告せず，値引き分が売掛金として滞留した際も，A社と交渉中と虚偽の説明を行い，適時の値引き処理が行われなかった。

第3章 業種・事業別の不正パターン　**77**

3 事例研究

> ⚠ 販売部門の事業部長が業績達成のため循環取引！

(1) 事例の概要

●目　的

　回収懸念のある売掛金回収のため，取引先に資金を回す目的で架空売上・仕入を計上。その後，事業部業績達成のため複数の売上先，仕入先だけでなく外注先，営業倉庫，運送会社をも巻き込んだ大規模な循環取引に発展した。

●手　口

　事業部および製造部の幹部が内部結託し，必要な内部証憑をすべて偽造した。また，得意先，仕入先，外注加工先，営業倉庫および運送会社にも協力を要請し，品質検査証明，名義変更通知書，出荷報告書，送り状等の外部証憑を偽造。あわせて，会計監査人による監査に対しては，売掛金の残高確認書への回答，在庫証明書の発行，実地棚卸時の在庫偽装および倉庫間移動証憑を偽装するなど，社内および社外関係者が連携して不正に荷担した。

●発覚の経緯

　在庫残高の急増，仕入先の変更，在庫現物の保管場所および不自然な在庫移動等に違和感を感じた常勤監査役および監査部長が実地棚卸に立会う等，不正取引を疑いモニタリングを強化するなか，最終的には，架空売上を計上した得意先に対する売掛金の入金が遅延したことから，その理由を得意先担当者に確認したところ，架空売上取引に係る売掛金である旨の説明があり，一連の架空売上計上の発覚に至った。

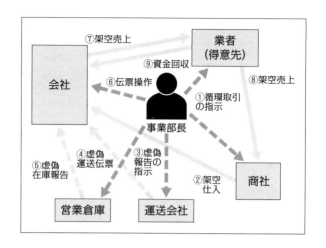

●発見困難な理由

　このタイプの不正の発見が困難な理由として，内部・外部結託し，必要な内部・外部証憑を偽造することにより内部統制を無効化し，会計監査人による監査対応を行っていたことが挙げられる。また，資金が決済されており，通常の商流と区別がつかなかった。さらに，在庫報告も改ざんし，発覚を妨げていた。

(2) 会社はどのような内部体制を構築すべきか

　循環取引は商品が循環する度に少しずつ売掛金が増え，在庫が膨らんでいく点に特徴がある。また，決済資金を供給するため，買掛金の支払いは少しずつ短くなる傾向がある。即ち，(売掛金)＋(在庫)－(買掛金)＝(使用資金) が増える傾向にある。基本的には，売掛金および在庫の回転期間分析を営業担当者別あるいは営業部課別に行い異常点の有無を分析する。それに加え，使用資金のトレンド分析を行う。そのようなデータ分析が可能なシステムを設計し，運用することが肝要である。

　また，売上が増加しているのに運賃が増加していない，平均在庫が増加しているのに保管料が増えていない，売上が増えていないのに使用資金が増えているなど，複数の指標を組み合わせたデータ分析の仕組みを構築することも有効

である。

さらに，営業担当者の言いなりになりそうな加工場や営業倉庫を識別し，内部監査部署が在庫の抜取実査を行うことも有効である。

(3) 会計監査人による不正対応の監査の着眼点はどこか？

① 会社の営業監視の仕組みについて，システム統制を含め内部統制を十分把握し，有効性を評価する。

② 異常点監査を実施する。

営業データを入手し，上記(2)で述べたような観点から DA（データ・アナリティクス）の手法を適用して異常点を検出し，取引の合理性を確認したうえで，運送伝票など「もの」の動きを証明する証憑と突合する。また，重要度の高い商流については，営業担当者に質問を行い，「もの」の動きに従って経理処理する仕組みになっているか確認する。

③ 循環取引は在庫証明の偽造を伴う場合がほとんどなので，異常点を認識した加工場や営業倉庫に対しては自ら抜取実査におもむく姿勢が大事である。

4 監査のポイント（詳細）

☑ 会社の営業監視の仕組みがどうなっているのか，システム統制を含め内部統制を十分把握する。

- 部署別・担当者別の計数管理が行われており，異常点を検出し，調査する体制になっているか。
- 在庫預け先に対し相手先の管理レベルを評価した上で抜取実査をしているか。
- 海外在庫，外注預け在庫の増減について監視しているか。
- 売掛金残高確認，在庫照合の差異分析が適切に行われているか。
- 売上先でもあり仕入先でもある取引先との取引内容を把握しているか。
- 例外取引の申請制度は機能しているか。

☑ 異常点監査の実施

- 営業データの入手・分析により異常点を検出し，証憑突合を実施する。
- 重要度の高い商流について，営業担当者に直接ヒアリングする。
- 場合によっては，仕入先や加工委託先に対し不正取引に荷担しているか否かを問うアンケート調査の実施を検討する。

DA（データ・アナリティクス）の切り口・着眼点

- 計上日と受渡日のズレ
- 売上・仕入の取消処理（特に期初）
- 商品コードをキーにして，売上と仕入を集計
- 使用資金の部課別，担当者別比較，トレンド分析，散布図分析
- 在庫預け先ごとの在庫金額と保管料との対応
- 取引先別売上・仕入と売上割戻・仕入割戻との対応
- 海外在庫・外注預け先ごとの在庫金額の推移
- 期末取引急増の取引先・商品・担当者など

証憑突合の留意点

- 「もの」の動きを証する証憑（物流証憑）を重視する（メーカーからの出荷伝票，運送伝票など）→事実との照合
- 偽造されているのかもしれないという気持ちをもって，日付，数量，単価，納入先等異常がないか注意深くチェックする。

第3章 業種・事業別の不正パターン 81

営業担当者へのヒアリングのポイント
- 単に債権，在庫の回収予定等を聞くのではなく，商流の全体像（仕入・外注加工・在庫受払・売上・債権回収）を把握する。
- 商流の中で，製造物責任やクレーム，売れ残り，回収不能，ミニマムロイヤリティなどのビジネスリスクがどうなっているか，その発生態様や負担関係，取り決め内容等を把握する。
- 売上・仕入等の会計処理のタイミング，根拠証憑，手持ちの管理資料等の整備はどうなっているか，不正経理が行われるとしたら誰がどのタイミングでどんな手口で実施するか，不正リスクの所在を理解する。
- 適宜，基本契約書や覚書，メール等の管理資料，根拠資料を徴収し，経理操作の有無を確認し発覚の可能性を示して牽制する。

> ビジネスリスク，不正リスクの防止の観点から弱点を認識し，課題があると認識した場合は，指摘事項として会社に伝える。

☑ 在庫預け先への抜取実査
- 在庫照合は全件実施している場合が多いが，在庫証明自体が偽造の可能性がある。
- 現物確認するだけでなく，在庫の管理状況（受払台帳の有無，システムの整備状況，実地棚卸の実施状況等）を把握する。
- 在庫預け先の管理レベルを把握した上で実査対象をしぼって抜取実査を行う。

☑ 営業債権・債務，在庫の滞留・赤残調査
- 売掛金，商品が滞留している商流で買掛金の支払サイトが短い場合（使用資金が膨らんでいる取引）は，循環取引の可能性が高い。

☑ 売掛金残高確認，在庫照合の大きな差異について，差異原因が適切に把握されているかを確認する。
- 検収ズレ，返品→多額なものは物流証憑の日付を確認する。
- 値引・単価差→多額なものは請求書，社内稟議等により事実確認する。
- 多額の売掛金差異が発生し，検収ズレ等の名目で差異調整している場合で，売掛金が滞留している場合，あるいは翌期取消している場合は架空計上の可能性が高い。

エピソード3　データ分析と在宅会計士

＜シーン1＞

　カタカタカタカタ……。

　「何か変だなぁ～。売上高と仕入高は月ごとに見ても前年から大きな変動がないのに，運賃と倉庫保管料が期末になるにつれて増加している……。」

　松川知子はサンライズ監査法人のマネージャー。1年前に双子の母となり，産休・育休を経て1か月前に職場復帰した。母になる前は，時間・場所を問わずハードワークをこなす知子であったが，職場復帰後はその経験を活かして仕訳データを用いたデータ分析等場所を問わずにできる仕事を中心に在宅勤務をし，監査チームにデータで異常が出た勘定科目や取引について重点的に監査手続を実施するように指示を出している。

　今日は，繊維の専門商社である曙アパレル商事株式会社（以下，「曙社」という）の営業取引関係のデータ分析を行っていた。産休前まで，主査として担当していたクライアントである。「特に第4四半期における運賃と倉庫保管料の増加は異常すぎる。売上高と売掛金，仕入高と買掛金のそれぞれの関係性は異常ではないし，商流が変わったのかしら。現場責任者のヒアリング項目に入れてもらわないといけないな。」

　現場責任者である主査の中内美子から，「運賃と倉庫保管料が増加している理由は，原油価格の高騰の余波を受け，ガソリン価格の上昇から，運賃と倉庫保管料が値上がりしたことによるものであろう。倉庫業者によっては，製品搬送に伴う運賃を倉庫保管料の価格に反映させる業者もある」との口頭説明を経理担当者から受けた旨のメールが届いた。

　「ガソリン価格の上昇ねぇ……。それだけでこんなに上がるものなのかしら。勘定科目の金額だけでは関連性が良くわからないなぁ。確か，曙社は，経営管理資料として，①「倉庫保管料の月次倉庫業者別明細資料」と②「在庫残高の月次場所別明細資料」があったな。①と②を追加で入手しよう。」

　後日，主査の中内美子から，①および②が，送信されてきた。

第3章 業種・事業別の不正パターン **83**

① 倉庫保管料の倉庫業者別明細資料　　　　単位：千円

倉庫業者	20X0年度（前期）				合計
	1Q	2Q	3Q	4Q	
A	128	135	137	140	540
B	100	103	110	117	430
C	99	103	105	106	413
その他	28	31	34	37	130
合計	355	372	386	400	1,513

倉庫業者	20X1年度（当期）				合計
	1Q	2Q	3Q	4Q	
A	132	140	141	143	556
B	103	108	116	123	450
C	101	104	107	108	420
その他	30	34	38	98	200
合計	366	386	402	472	1,626

② 在庫残高の場所別明細資料　　　　単位：千円

倉庫業者	20X0年度（前期）				合計
	1Q	2Q	3Q	4Q	
A	3,185	3,370	3,420	3,490	13,465
B	2,200	2,280	2,450	2,620	9,570
C	2,080	2,150	2,234	2,230	8,694
その他	700	775	850	920	3,245
合計	8,185	8,575	8,954	9,260	34,974

倉庫業者	20X1年度（当期）				合計
	1Q	2Q	3Q	4Q	
A	3,220	3,415	3,439	3,488	13,561
B	2,239	2,348	2,522	2,674	9,783
C	2,100	2,170	2,230	2,253	8,750
その他	752	853	954	1,070	3,629
合計	8,311	8,785	9,145	9,485	35,726

＜シーン２＞

　①を倉庫別に前期比較して見ると，確かに，ほぼすべての倉庫業者の保管料が前期の保管料よりも増加している傾向にあり，倉庫保管料の相場自体が値上がりしているという会社の説明と符合するものであった。ただ，「その他」の保管料

が前年よりも著しく多額に計上されていることも同時に判明した。さらに「その他」の主な内容を追加で質問したところ，金額のほとんどが，中国・大連にある倉庫ということであった。

① 倉庫保管料の倉庫業者別明細資料　　　単位：千円

倉庫A

期間	1Q	2Q	3Q	4Q	合計
前期	128	135	137	140	540
当期	132	140	141	143	556

倉庫B

期間	1Q	2Q	3Q	4Q	合計
前期	100	103	110	117	430
当期	103	108	116	123	450

倉庫C

期間	1Q	2Q	3Q	4Q	合計
前期	99	100	105	106	310
当期	101	104	107	108	420

その他

期間	1Q	2Q	3Q	4Q	合計
前期	28	31	34	37	130
当期	30	34	38	98	200

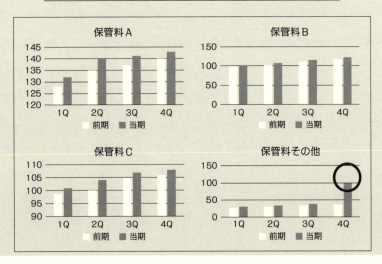

第3章 業種・事業別の不正パターン　85

　一方，②については，いずれの倉庫も，ほぼ前期と同様の水準であった。その
ため，在庫残高に対する倉庫保管料の比率が他の倉庫よりも著しく高い数値を示
していた。

②　在庫残高の場所別明細資料　　　　　　　　　　単位：千円

倉庫A					合計
期間	1Q	2Q	3Q	4Q	
前期	3,185	3,370	3,420	3,490	13,465
当期	3,220	3,415	3,439	3,488	13,561

倉庫B					合計
期間	1Q	2Q	3Q	4Q	
前期	2,220	2,280	2,450	2,620	9,570
当期	2,239	2,348	2,522	2,674	9,783

倉庫C					合計
期間	1Q	2Q	3Q	4Q	
前期	2,080	2,150	2,234	2,230	8,694
当期	2,100	2,170	2,230	2,253	8,750

その他					合計
期間	1Q	2Q	3Q	4Q	
前期	700	775	850	920	3,245
当期	752	853	954	1,070	3,629

②　在庫残高の場所別明細資料　　　　　　　　　　単位：千円

倉庫業者	20X0年度				合計	約定料率	倉庫料／Q末在庫
	1Q	2Q	3Q	4Q			
A	3,185	3,370	3,420	3,490	13,465	0.0400	0.0401
B	2,220	2,280	2,450	2,620	9,570	0.0450	0.0449
C	2,080	2,150	2,234	2,230	8,694	0.0470	0.0475
その他	700	775	850	920	3,245	－	0.0401
合計	8,185	8,575	8,954	9,260	34,974	－	0.0433

倉庫業者	20X1年度 1Q	2Q	3Q	4Q	合計	約定料率	倉庫料／Q末在庫
A	3,220	3,415	3,439	3,488	13,561	0.0410	0.0410
B	2,239	2,348	2,522	2,674	9,783	0.0460	0.0460
C	2,100	2,170	2,230	2,253	8,750	0.0480	0.0480
その他	752	853	954	1,070	3,629	−	0.0551
合計	8,311	8,785	9,145	9,485	35,726	−	0.0455

倉庫業者	20X0年度	20X1年度
A	0.0401	0.0410
B	0.0449	0.0460
C	0.0475	0.0480
その他	0.0401	0.0551
合計	0.0433	0.0455

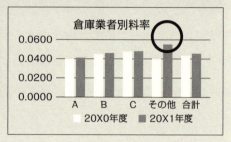

「中国・大連の倉庫に何かある！」

　知子は，自ら営業部長に直接この増減理由を質問するべく，久々に曙社へ出向くことにした。

＜シーン3＞

　曙社に到着するなり，顔見知りの小田経理部長が出迎えてくれた。
　「松川さんお久しぶりです！　わざわざお越しいただくのはよほどのことだと思いましたので，長谷川営業部長の時間を確保させていただきました。」
　知子は，疑問点については自分の中ですべてクリアになるまで，追及する意気込みで営業部長のヒアリングに臨んだ。営業部長へのヒアリングの結果，大連の倉庫は，例年，毎月末直前に出荷されるため，月末在庫残高に対する倉庫保管料の比率が，他の倉庫よりも高くなる旨の説明であった。
　それでも，3月の比率が，前期よりも相当に高いことについては，明快な回答が得られなかった。知子は嫌な予感がした。
　営業部長へのヒアリングを終えたあと，知子は，経理部長に，中国・大連の倉庫に行きたい旨を伝えた。
　「ええ！　大連まで，行かれるのですか！　本当ですか？」経理部長は，遠隔

地でもあり，わざわざ現地まで往査するという知子の発言に驚きを隠せなかった。しかし，知子は一歩も譲ることなく往査することを伝えた。

＜シーン４＞

３日後の早朝，双子の赤ちゃんを実家の母親に預かってもらい，知子は空港行きバスに乗り込んだ。自らの直観に頼って，経理部長の驚きをよそに，大連の倉庫への往査を決めてしまったことを少し反省しながらも，日に日に増す違和感を自分の目で確認して解消できることに心が躍っていた。

バスを降り，空港のチェックインカウンターに向かうところで，見慣れた男性がいることに気づいた。

「引田監査役‼　どうされたのですか？？」

曙社の常勤監査役，引田京一が空港にいることに驚いた知子は，思わず声をかけてしまった。

「松川さん，申し訳ありませでした。実は……松川さんがあまりに気にされていたので，私なりにここ２日間社内で調べてみたのです。その結果，中国・大連の倉庫には，第４四半期に得意先に売上計上したはずの商品が保管されており，倉庫業者からは倉庫保管料は請求されるものの，当該商品は，会計上は簿外資産とされていることがわかりました。松川さんのおかげで不正を見つけることができました。ありがとうございます。」

監査役のお礼の言葉を聞いて，知子は自分の監査で得た経験に基づく直観があながち間違いでなかったことに安堵すると同時に，自分の担当するクライアントで，まさか不正が発生するとは！　との思いから，茫然と立ち尽くすのみであった。

＜シーン５＞

週明けに知子は中内美子から，今回の大連のスキームの全容およびその後の監査手続および結果の報告をうけた。スキームは①大連の倉庫に移管された商品は，曙社の婦人向け服飾品（Ｑシリーズ）の滞留商品であったこと，②中国の複数の会社（同一の経営者）との従来からの取引関係のなかで，当該商品を引き取った形式を整えてもらえることとなり，各社に金額を分散して売上計上したこと，ただし，③大連の倉庫保管料までは負担してもらうことができず，曙社負担とする

ことになったということである。

「なるほど，中国の会社の協力があったために「売掛金の残高確認書」にも，各々の売掛金と同額の買掛金残高が記入されて返送されたということね。でも，③倉庫保管料が曙社負担となって異常が現れたので，不正を発見することができたというわけね。」

また，中国の会社側もまた，紳士向けの雑貨商品で滞留在庫を抱えており，次期に曙社が同グループより仕入れを行い，当該取引で発生した買掛金を，Qシリーズの売掛金と相殺する予定であったとのことである。

曙社は，当期の決算で，大連倉庫関係の売上高の取消処理を行い，Qシリーズについては売却可能見込額までの評価損を計上した。また，中国の会社側から仕入れる予定の紳士向け雑貨商品については解約し，応分の解約損失を計上した。

「倉庫保管料の増加について見過ごしていたら，翌期には，もしかしたら循環取引が始まっていたかもしれませんね。それにしても，知子先輩の分析は凄いですね！　よく，不正を発見していただきました。私も，倉庫保管料に関して，大口取引の相手先については証憑突合を行ったのですが，＜その他＞に含められた大連の倉庫料までの異変には気が付きませんでした。また，場所別の在庫残高に対する倉庫保管料の割合で，異常値を発見することも，できていませんでした。」

「数字だけを並べてみても，見過ごしてしまうかも知れないわね。数字を棒グラフにしてみるだけでも，随分と見やすくなるわ。」

「なるほど！　そうですね，ありがとうございます。」

知子は，今日も，実家の母親のもとへ，双子の赤ちゃんを迎えに行った。知子の分析能力の高さは，この一卵性双生児を苦心して見分けることで知らず知らずのうちに，磨かれているのかも知れない。

第3章　業種・事業別の不正パターン　89

4　小売業

典型的な不正経理パターン	● 小売業では店舗在庫の水増しによる利益創出が典型的な不正のパターンであり，主に３つの段階における手口がある。 ・店舗側で実地棚卸表をごまかす ・店舗側で実地棚卸表とは異なる在庫データを入力する ・本社側で店舗からの在庫データを改ざん，ないしはそれと異なる在庫残高を仕訳入力する ● 本社側でシステムのデータベースやプログラム自体を操作してデータを改ざんするケースは，場合によって深刻な影響額になる。 ● 仕入割戻が大きな損益インパクトを持っている場合が多く，その架空計上により損益操作を行う場合も見られる。 ● 架空の経費や返品等，金券やサービス券等を利用した少額反復型の横領事例も多い。

（経営管理上の特徴）

● 多店舗展開している場合が多く，店舗別の損益管理，在庫管理，物流管理を充実させているが，人手不足やシステム整備が追い付いていない等の理由により，店舗ごとに管理の態様にバラツキがある場合がある。

● POS システムのように売上，仕入，在庫管理が連動する統合的なシステムを装備している場合は店舗側でのデータ改ざんは難しいが，そのようなシステム装備が十分でない会社もある。

● 営業所によっては仕入品の発注と検収，起票が同一人物の場合があり，容易に架空経費等を作れる場合がある。

● 現場の労働時間が長くなりがちで，労務問題を抱えている場合がある。

● 店舗ごとに損益ノルマが厳しく設定されている場合があり，店長や営業担当者と取引先との間で「貸し借り」の関係が成立する状況にあると架空リベートなどの不正が起こりやすい。

● 期末在庫の数量・単価を操作しようとするインセンティブが働きやすく，内部結託およびシステム操作により在庫金額操作が容易にできる場合もある。

1 経営管理上の特徴

> ！売上高の計上についての不正は比較的起こりにくい！

　小売業の業態は多様であり，百貨店やスーパー，家電量販店，コンビニエンスストア，ドラッグストアその他の専門店等に分類され，さらに規模や地域性によって特徴が細分化される。多品種の商品を多店舗展開しながら不特定多数の一般消費者に販売している場合においては，各店舗においてPOS（Point Of Sales）システム（販売時点情報管理）を導入して日々の売上を集計し，会計システムに連動させているケースが多い。顧客からの入金はレジを通すため，売上高を意図的に操作する機会は制限される。また，クレジットカード決済による販売の場合も売上金額の操作は難しい。売上高の過大計上の不正の件数は多いとはいえないが，なかには，百貨店で外商顧客向けに架空販売した事例もみられる。

　買収などにより店舗で異なるシステムが利用されている場合や，システムの未整備の状況がある場合は，期末棚卸資産（商品）の集計や，仕入値引・割戻

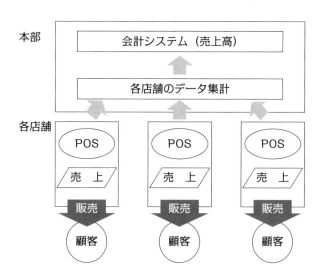

しの処理等も含めた業務プロセスが複雑になり，内部統制が十分に機能しないリスクが高くなることに注意を要する。

　多店舗展開している小売業における期末の棚卸資産の金額集計は，業態等により違いはあるが，概ね下記のプロセスで実施される。各プロセスにおいて，特に次プロセスへの情報の転換点において，権限が特定の者に集中しモニタリングする仕組みが構築されていないなど内部統制が十分に機能していない場合は，不正経理の発生源となる。

店舗		本社／本部	
①実地棚卸	②棚卸集計表の作成・回収	③棚卸集計表のシステム入力	④商品単価の適用による期末原価確定

　物流機能を備え，全国各地に自前の商品倉庫を持っている卸売業においても，多店舗展開している小売業と同様の管理上の課題がある。

2 どのような不正が起こりやすいか

小売業においては，利益を創出するための事例として，期末棚卸資産（商品）の過大計上，当期仕入高の過少計上（仕入値引・割戻しの過大計上）がみられる。

また，店舗損益の計算プロセスで，共通経費を各店舗に配賦（負担）させる際，不採算店舗へ意図的に配賦せず店舗赤字を回避することにより，不採算店舗の固定資産の減損処理を回避するケースもある。

(1) 典型的な不正経理パターン①　期末の棚卸資産金額の過大計上

> 想定される内部統制の弱点

> ☑　期末の棚卸資産（商品）金額の調整を特定の担当者が行っている。

期末の棚卸資産金額を過大計上する方法として，実地棚卸の実施要領が十分整備されておらず，棚卸の実施範囲を意図的に変更し，バックヤードのサンプル品や見本品等，無価値品をカウントさせることにより，期末の棚卸金額を過大計上した事例がある。また，店舗現場で実地棚卸の集計表に記載した数量を，管理部で改ざん（例，数字の「1」に追記し「4」や「7」に）することにより，期末の棚卸金額を過大計上させる事例もある。管理部による改ざんとして，（製造業においても見られたが）システムで集計された実地棚卸結果に対し水増し数量を上書き入力する事例もある。

事例1　**子会社社長の指示で在庫水増し計上**

ドラッグストアを展開する子会社が，金融機関からの融資継続を目的とし，期末棚卸資産の過大計上による粉飾決算を行った。具体的には，店舗管理システムと会計システムが連動していないことを利用して，店舗管理システムに集計された各店舗の実地棚卸結果を一旦表計算ソフトに出力し，子会社社長の指示により，同社の管理本部長が，過大の数量を上書き入力し，そのデータを会計システムに取り込んだ。

第3章 業種・事業別の不正パターン　93

⑵　典型的な不正経理パターン②　売価還元法による期末棚卸資産の単価算定の調整

> 想定される内部統制の弱点

　☑　売価還元法の算定業務を特定の者が行っている。

　財務諸表に資産計上される棚卸資産の金額の決定にあたっては，多品種・多ロット・多規格の品目を個別に原価管理する負担を回避するため，売価還元法を適用している場合がある。売価還元法においては，期末棚卸資産の売価金額に，下記で算定された還元率（原価率）を乗じて，期末棚卸資産の帳簿価額を算定する。

期末棚卸資産の帳簿価額＝期末棚卸資産の売価金額×還元率

$$還元率＝\frac{期首繰越商品原価＋当期仕入原価}{期首繰越商品売価＋当期仕入原価＋原始値入額＋値上額－値上取消額－値下額＋値下取消額}$$

　ここで，期末棚卸資産の売値を付け替えて，「期末棚卸資産の売価金額」を水増しする方法や，値下品目の数量を過大に設定して売価変更伝票を発行し，分母の減額要因である「値下額」が過大となることを通じて，「還元率」を過大に設定する方法などがある。

事例2　**期末棚卸資産（商品）の売価を過大評価**

　会社は，売価還元法により期末棚卸資産の帳簿価額を算定しているが，算定の基礎となる期末棚卸資産の売価を過大評価した。

　具体的には，「実際売価」（値札価格）を使用せず，「標準売価」という，会社が別途設定した売価を使用していたが，「標準売価」は，仕入原価の4倍にものぼって設定される品目もあった。

⑶ 典型的な不正経理パターン③　架空売上で発生した商品の横流し

想定される内部統制の弱点

☑　外商顧客の管理を特定の営業担当者が行っている。

百貨店で営業担当者が外商顧客向けに架空販売を行う例や，小売店舗全般において，１件単位の金額は少額ではあるが，正価で販売された売上取引について，サービス券（商品値引券）を不正使用し，レジを打ち直して値引販売処理を行い，値引分を着服するケース，商品券の受払管理が十分でない店舗において，顧客が行使したものとして，対象となる金品を横領するケースもある。

> **事例3**　**百貨店で営業担当者が架空売上計上**
>
> 百貨店の営業担当者が，売上目標を達成するため，外商顧客との信頼関係を背景に，架空売上計上を繰り返した。代金の支払方法は銀行口座自動振替であり，架空請求に気づいた顧客には，請求誤りの旨を弁明し，過大請求分の返金を行ったが，請求内容を深く追及しない顧客に対しては架空請求を繰り返した。架空売上で顧客に届けず手元に残った商品は，買取業者に転売し，代金を着服した。

3 事例研究

> ⚠ 商品部責任者が業績達成のため架空仕入割戻しを計上したケース！

(1) 事例概要

●目 的

商品部副本部長が利益計画達成のため，購買担当者と結託して架空仕入割戻しを計上し利益の過大計上を行った。

●具体的な手口

購買担当者が作成した虚偽の仕入リベート明細書を商品部副本部長が本部長の検閲を経ずして，実質最終決裁を行った。また，滞留未収リベートにならないように新しい架空リベートを創出し，順次振替を行い，発見を遅らせていた。

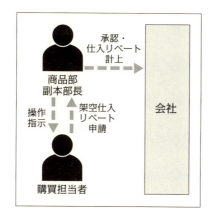

●発覚経緯

申請者と承認者が結託し内部統制を無効化した。すなわち，未収リベートに

ついて購買担当者の申請ベースで容易に計上できる仕組みになっており，社内決裁・監視の仕組みが弱かったため，その発見が遅れた。

しかし，架空である限り回収ができないため，未収の残高がふくれ上がり，社内調査で発覚し，役員が自己の財産をもって補てんするに至った。

(2) 会社はどのような内部体制を構築すべきか

小売業において，価格競争力を維持するため仕入リベートの取引は慣行的に多く行われている。しかしその契約形態は多岐にわたり複雑化しているため，管理台帳による記録の整備が不可欠である。

また，文書によるリベートの取決めの締結，リベート金額の算定についての承認体制やリベート率のシステム登録により営業担当者がリベート金額を入力できなくするなど，内部牽制組織を構築する必要がある。

支払チェックを行う部門においては，仕入リベートについての取決め内容を確認するとともに仕入先への請求書と入金額とを照合し，取決めどおり実務が運用されているかを確認する必要がある。

また，仕入先に対する残高確認を実施することにより，取決めからはずれた異常な差異については発見することが可能である。

(3) 会計監査人による不正対応の監査の着眼点はどこか？

① 仕入リベートは容易に利益操作できる項目なので，営業担当者が任意に計上できる仕組みになっていないか，内部統制を把握し，不備があれば不正防止の観点から改善事項として会社に伝え，指導性を発揮すべきである。

② 仕入リベートが仕入先との取決めどおりに計上され，決済条件どおりに入金されていることを抜取りにより確認する必要がある。

③ 未収リベートが多額な仕入先に対し残高確認の実施を検討する。

4 ┃ 監査のポイント（詳細）

☑ 売上，仕入，在庫の計上・払出が100％連動しているかどうか，在庫の数量・単価・金額が営業担当者により操作できないシステムになっているかをまず確認する。棚卸差異修正以外の在庫操作ができるとしたら誰がどのタイミングでできるかをヒアリングや業務マニュアルの閲覧等により確認する。

☑ 店舗ごとの棚卸方法について，内部牽制が効くようになっており，誤カウント，誤記入が防止できるような方法になっているか確認する。

☑ 会社が店舗ごとの計数管理を行い適切に監視，指導する体制になっているか確認する。不十分な点があれば改善事項として指摘する。

☑ DA（データ・アナリティクス）の手法により店舗ごと，あるいは営業担当者ごとの売上，粗利率，経費率，債権債務，在庫等の月次推移，修正入力頻度，時間外入力件数，1人当たり指標等の計数比較や散布図分析，期首・期末の売上・売上取消の異常取引分析を行い，異常性を示す店舗ないしは営業担当者が検出された場合は，ヒアリングの実施，証憑突合，内部監査室への調査依頼，現地往査の実施等必要に応じ追加手続を実施する。

☑ 期中に抜取りで現物実査を行い，店舗における在庫管理状況を確認する。また，現場での売上，仕入，在庫の計上・承認手続をヒアリングし，帳票の管理状況を確認する。店舗ごとに管理レベルにバラツキがある場合はその旨会社に指摘し，改善依頼する。

☑ 仕入リベートについて，計上証憑と突合するだけでなく，取決めの存在を確認し，未収リベートの滞留の有無を必ず確認する。また，場合によっては仕入先に対し残高確認の実施も検討する。

☑ 異常な棚卸差異が出ていないかを確認する。あれば，適宜，証拠資料と照合する。

☑ 期末実地棚卸立会の際に倉庫移動等の理由で現物確認ができないものがある場合は，横流しや在庫水増しの可能性を疑い当日中に物流証憑と照合のうえ事実確認する。

エピソード4　棚卸立会後のフォロー手続

＜シーン1＞

　3月のある日，小売業を営むクイーン・リテイリング本社（以下，「クイーン社」という）の一室において，サンライズ監査法人による期末監査が実施されていた。

　クイーン社は，2月末決算会社であり，関東圏を中心に全国50店舗を有し，主としてスーパーやショッピングモール，商業施設に出店している。各店舗に共通のPOSシステムを導入しているが，経理システムとは連動していない。

平岡会計士（マネージャー）：店舗別の売上総利益率（以下，「粗利率」という）の分析の結果はどうだった？

岡村会計士（シニア）：はい，平均粗利率は25％程度ですが，春日部店，取手店，美浜店，船橋店，宇都宮店は30％を超えています。これら5店は，特に単価が高く利益率のよい陶器品や装飾品を比較的多く扱っているので，これら品目の売上数量が増えたのだと思います。売上高・売掛金の監査担当の木村さん，いかがですか？

木村会計士（スタッフ）：はい……。うーん，品目別売上高明細表を見ているのですが，前期から目立って高価品の売上数量が増加した，といえるほどでもないですね。

平岡マネージャー：木村さんは，春日部店の棚卸立会に行きましたね。

木村スタッフ：はい。2月10日の実地棚卸の立会に行きました。期末日よりも前に棚卸を実施しているのは，10名の経理部の方々がなるべく多くの実地棚卸の現場視察に行けるように，棚卸日を分散させているためです。あと，春日部店は基幹店でもあり，例年，期中監査として1月に往査していますが，陶器品や装飾品について，特に今年の売行きが良かった，というわけでもありませんでした。

岡村シニア：2月10日と2月末日の間の入出荷状態はどうだった？

木村スタッフ：それが不思議で，経理データは期末時点のものなのですが，20日間の間に在庫の金額が2倍になっているのです。店舗の床面積を考えると，2倍もの商品を置けるスペースもないような気がします。

平岡マネージャー：店舗での入力ミスの可能性もある。まず「棚卸表」と店舗シ

ステムの棚卸データを突き合わせてみてくれますか？

しばらくして……

木村スタッフ：突合しましたが，入力にエラーは発見されませんでした。入手した棚卸データは，店舗システムから出力された表計算ソフトのデータそのものでした。システム上の棚卸数量は棚卸データで置き換えられ，その後期末日までの入荷数量を加え，払出（販売）数量を除いたものが期末の棚卸数量になります。

平岡マネージャー：それでは，春日部店の入荷データを見てみよう。20日間程度の仕入に関する証憑を高橋部長に依頼して，会計データと照合してくれませんか？

木村スタッフ：……それが，高橋部長は歯切れが悪くて，忙しいのでなかなか出してくれないのです。

平岡マネージャー：ほう，それは不思議だね。

その後，定時となり，岡村と木村は帰路についたが，平岡は，クイーン社に残り，別室で，高橋経理部長のみならず中田経理担当取締役まで巻き込み，徹底的に2月10日から末日までの20日程度の間の入出荷取引に関して，根拠資料の提示を要求した。その対応は深夜にまで及んだ。

＜シーン2＞

翌朝，岡村と木村はクイーン社に直行し，昨日と同じ会議室に通され，監査業務を開始した。そして，平岡が別室から会議室に戻ってきたのは，正午近くであった。

平岡マネージャー：じつは，今回の決算は不正な処理が行われていたんだ。

岡村シニア：春日部支店の期末在庫ですか。

平岡マネージャー：そうだ。でも春日部支店だけではない。粗利率が30％を超えている店舗すべてで不正な操作が行われていた。いや，店舗でなく中田経理担当取締役の指示による棚卸データの改ざんだ。期末の在庫金額が多い理由について，厳しく質問したところ，期末日の棚卸データで，かなり

多くの商品品目が，陶器品や装飾品など単価の高い商品に変更されていた。結果として，期末棚卸資産の金額が水増しされたということだ。

木村スタッフ：でも決算発表前に気が付いてよかったですね。

平岡マネージャー：ただ，取締役という広範な権限をもつ経営層による不正が見つかったのだから，それだけでは終われないね。

木村スタッフ：確かに！　単に店舗在庫の修正仕訳を入れて終わりなのではなく，網羅性検討の観点から，より広範にわたる不正経理の可能性を勘案したうえで，深度ある監査手続を実施する必要がありますね。また，過年度の状況も確認いたします。

第3章 | 業種・事業別の不正パターン　101

5 サービス業

<table>
<tr>
<td rowspan="3">典型的な
不正経理
パターン</td>
<td>● サービス業自体のプロセスの中で不正が発生するケースは比較的少ないが，支店や営業所で虚偽の業務実績をねつ造して架空売上を計上するケースがある。ただし，サービス事業で顧客と結託するケースは少なく，顧客が過大請求の異変に気づいて発覚する場合が多いため，金額は比較的少額にとどまる。</td>
</tr>
<tr>
<td>● 本社や関係会社の経営者・役員が利益創出ないしは横領目的で不正経理の伝票を自己決裁するケースが多く見られる。製造業に見られるのとほぼ同様に，経営者による内部統制無効化の事例が多い。取引先に請求書等の外部証憑の偽装を依頼する場合もあるが，多くは承認権限者による自己決裁という単純な手口で多額の不正経理が行われている。</td>
</tr>
<tr>
<td>● サービス業では多角化しているケースが多く，本業以外の請負事業や商品売買事業で起こるケースが多い。関係会社を含めシステム統制を含む内部統制が弱い場合があり，それらの事業特有の架空オーダーや原価付替，循環取引といった手口で不正が行われる。</td>
</tr>
</table>

（経営管理上の特徴）

- サービス業は多店舗展開している場合が多く，店舗ごとの売上，利益管理をしている。
- サービスの提供実績に基づいて売上計上しているが，期間経過に伴って実現するものは契約書等，都度の履行事実に基づくものは履行実績を証する証憑等で管理している。履行実績をごまかして売上を過大計上するケースがあるが，顧客がルーズでない限りは発覚しやすい。
- 売上計上の内部統制については，請求書と顧客からの入金額との照合をキーコントロール（不正防止のためのキーとなる統制活動）としている場合が多い。
- 関係会社におけるガバナンスや内部統制が弱く，単純な手口の不正を防止できない体制になっている場合がある。
- 支店や営業所といった出先拠点における帳票管理や内部統制が弱い場合がある。
- 現場の労働時間が長くなりがちで，労務問題を抱えている場合もある。
- 情報サービス提供会社がシステム開発の請負をしたり，不動産仲介会社が不動産販売をしたりというように関係会社を含め多角化しているケースが多く，本業以外の請負事業や商品売買事業においてシステム統制を含む内部統制が弱くなる場合が多い。

1 経営管理上の特徴

> **⚠ 入出金管理が比較的容易であり架空取引は起こりにくい！**

　サービス業は，施設の利用機会や役務の提供により対価を得ることを主たる業務とするものをいい，教育産業，賃貸業，不動産仲介業，運輸業，物流業や通信業が挙げられる。他の業種が，製商品の受け払いがあり，複雑な業務フローを伴うのに対して，サービス業は，基本的に製商品の受け払いがないことから，業務フローは，①得意先からの受注，②役務の提供，③売上の計上，④請求，⑤顧客からの入金，と比較的単純である。

　サービス業では，顧客の検収を得たサービスの履行実績に基づいて売上が計上されるが，時の経過に伴い実現するものは契約期間に従い売上が計上される。また，サービス業は多拠点展開している場合が多く，営業所ごとに損益管理を行うケースが多い。

　サービスの提供がない段階で顧客に代金を請求すると通常は，クレーム対象になる。また，内部統制として入金チェックが厳格に行われている場合がほとんどで，架空売上は行われにくいものと想定される。ただし，顧客が正確に検収しておらず，長期にわたり過大請求されても気づかないケースもある。

　一部サービス・パーツや商品の物販を伴っている業態があり，その場合は小売業と同様の商品管理上の課題がある。

2 どのような不正が起こりやすいか

　サービス業は，架空売上は起こりにくい業種とはいえ，経営管理者による内部統制の無効化や，社内担当者の共謀による不正もあり，さらには顧客の協力を得て履行実績を改ざんし売上を過大計上するケースもある。

⑴　典型的な不正パターン①　経営者による不正伝票の自己決裁

> 内部統制が無効化されるケース①

　　☑　経営者自らが内部統制を無効化する。

　本社や関係会社の経営者・役員が利益創出ないしは横領目的で不正経理の伝票を自己決裁するケースが見られる。取引先に請求書等の外部証憑の偽装を依頼する事例もあれば，承認権限者による自己決裁という単純な手口で多額の不正経理が行われる事例もある。

事例 1　**経理部長による伝票操作**

　　国内 A 社は B 社（A 社経営者所有の海外施設を運営する会社）の株式の過半数を取得し，A 社経理部長が連結仕訳として，当該株式取得価額が B 社の純資産持分相当額を上回る部分を連結決算上「棚卸資産」に計上した。

　　その後，外部からの指摘を受け，B 社株式を再評価した結果，B 社株式の帳簿価額を100億円超減額することとなった（減損処理）。また，減額後の帳簿価額と純資産持分相当額との差額は「のれん（償却資産）」に計上した。

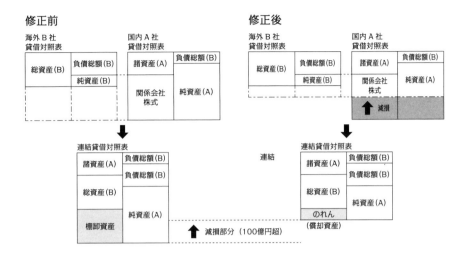

⑵ 典型的な不正パターン②　前受金を受領している場合の売上の先行計上

> 内部統制が無効化されるケース②
>
> ☑ 前受金を受領している場合は履行実績を改ざんしても顧客クレームがないため気付かれにくい。

サービス業では通常は虚偽の業務実績をねつ造して架空売上を計上することは少ないが，前受金を受領している場合は，履行実績を改ざんすることにより比較的容易に売上の先行計上が可能となる。

> 事例2　虚偽の履行実績をねつ造，前受金を原資に売上高前倒計上
>
> 　　教育事業（学習塾等）を展開する会社グループで，経営者の売上重点主義の組織風土のもと，会社および子会社の担当者と承認者とが共謀し，売上目標を達成するため，未履行の講義について，履行不要（受講者の途中退塾申請による入塾期間の短縮など）として仮装し，売上高の前倒計上を行った。

(3) 典型的な不正パターン③　経営者主導による売上高過大計上

> 内部統制が無効化されるケース③

☑ **本業とは異なる事業で，経営者が仲介業者を利用し売上高を過大計上**

サービス業では多角化しているケースが多く，本業以外の請負事業や商品売買事業で不正が起こるケースが多い。関係会社を含めシステム統制を含む内部統制が弱いことが多く，架空取引や原価付替，循環取引といったそれらの業種で特有の手口で不正が行われる。

事例3　不動産関連事業の上場子会社が請負業で売上高を過大計上

　　不動産関連事業を営むQ社の上場子会社Z社が，上場廃止基準(※)に抵触しないように，売上高の過大計上を行った。
　　Z社は，不動産情報処理に係るソフトウェアをA社に40百万円で販売。
　　その一方でZ社は，この販売取引に関連して，B社に業務の実態のない仲介手数料20百万円を支払い，うち8割程度の金額がA社に還流させた。
　　Z社からB社への20百万円の支払およびA社からZ社への40百万円の代金返済は同日に実行された。Z社は，A社向け売上高40百万円を含め，年間売上高1億円に到達したものの，後日，A社へのソフトウェア売上高40百万円は，過大計上であることが発覚した。

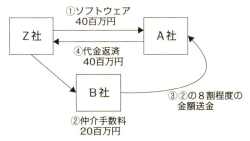

（※）東証マザーズ上場廃止基準の1つに「年間売上高1億円未満」がある。

3 事例研究

> ⚠ 業績達成のため請求書偽造により売上水増し！

(1) 事例概要

●目　的

物流センター長が，センターの業績達成および自己の業績評価維持のため，架空売上を計上した。

●手　口

得意先には正しい金額（例，80）でセンター長自らが作成した請求書を交付。会計システムには役務提供売上を水増し計上（例，100）し，差額（例，20）については，検収ズレとして，経理に報告した。

●発覚の経緯

滞留売掛金にならないように古い債権残高から順に消し込んでいた。最終的には底だまりの差異金額がふくらみ発覚した。

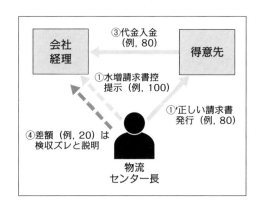

⑵　会社はどのような内部体制を構築すべきか

① 　売上高計上の際には，物流センター発行の請求書のみならず，作業実績等の作業現場管理資料を添付する。

② 　売掛金の入金消し込みは，経理部が行い，一部入金の場合（すなわち，取引条件通りの入金が行われていない場合）には，その理由を営業担当者のみならず，得意先にも確認し，理由の合理性を確かめる。
（製商品の納入ではなく，役務の提供の場合には，通常，多額の「検収ずれ」が発生することはないものと考えられる。）

③ 　業務管理システムにおいて，営業所別，担当者別に，月次売上高・粗利率・売掛金滞留リストを整備，モニタリングを行い，異常な項目については，その理由の合理性を確かめる。

⑶　会計監査人による不正対応の監査の着眼点はどこか？

① 　比較的少額で反復型の不正経理が多いためDA（データ・アナリティクス）を適用して，拠点ごとの計数比較（回転率，粗利率，経費率，修正入力頻度，時間外入力件数，１人当たり指標など）や散布図分析を行う。

② 　営業債権の滞留は顧客クレームを示唆している場合が多いことから，サービス業務実行の過程で何らかの瑕疵がなかったか，質問等により確認する。

③ 　サービス業においては履行実績に対する検収ベースで売上計上することが一般的であり，売掛金の残高確認差異の発生原因として検収ズレの記載がある場合は，作業実績表等の証憑と照合し確認する。

4 監査のポイント（詳細）

☑ サービス業売上プロセスを業務記述書等により十分に理解し，サービス履行実績に基づいて売上計上される業務フローになっているかを確認する。前受金をもらっている場合は，履行実績を改ざんすることにより容易に売上の先行計上が可能なので特に留意が必要。

☑ 店舗別の計数管理がどのように行われているかを把握し，異常点に対して内部調査が実施されているかを確認する。

☑ 事務手続マニュアルの整備状況，職務分掌等を含め内部統制の整備状況を把握し，循環的に店舗監査を実施し，その運用状況を確認する。

☑ 形式的な重要性の観点から内部統制監査の対象から外れている領域で不正が発生しやすいことを認識し，DA（データ・アナリティクス）の手法を適用するなど異常点分析を継続的に実施する。特に次の領域に留意する。

（サービス業において不正が発生しやすい領域）

①関係会社　②支店・営業所　③本業以外の事業

> グループ会社を含め営業監視システムに弱点があれば，監査役，内部監査室，業務管理部署と情報共有し，業務改善の依頼を行う。

① 関係会社について

● 不正防止の観点から循環的に往査し，売上，仕入，在庫の計上がどのように行われているか，業務システムから経理システムへのデータの受渡しはどうなっているか，バッジ処理，起票，転記の際に数字を操作できる可能性がないか，それを牽制して防止できる仕組みになっているかをまずヒアリングにより把握し，弱点を認識すれば一歩踏み込んで帳票突合等を行う。

● 営業科目以外の重要勘定でない科目も通査し，売掛金・買掛金の赤残が紛れていないか，仮払・仮受等の未精算勘定が多額になっていないか，滞留して

いないかを確認する。また，直近の税務申告書も通査し，使途秘匿金等異常な加減算項目がないか確認する。

- 預金通帳を通査し，監査に備えて帳尻合わせの入出金がないか確認する。
- 親会社の迂回融資等の道具にされている場合があるため，親会社からの多額の貸付金や出資金があればその経済的合理性をヒアリングや議事録等により確認する。
- 経営者・役員の自己決裁による単純な手口が多いので，期首・期末の多額あるいは丸い数字の損益関連仕訳を通査し，異常点があれば必ずヒアリングし，適宜証憑書類と突き合わせる。

② 支店・営業所について

- こまめな反復型の不正経理が多いのでDA（データ・アナリティクス）の手法により拠点ごとの計数分析（回転率，粗利率，経費率，修正入力頻度，時間外入力件数，1人当たり指標など）を行い，異常性が認められた場合は，質問および証憑依頼，内部監査室への調査依頼，拠点往査の実施等の対応を検討する。
- 拠点往査の際には，営業実績入力と売上計上がどのように行われているか，承認手続，帳票管理がどうなっているかを業務手続マニュアル等と照らし合わせて，実地に確認し，内部統制の整備・運用状況を把握する。
- 履行実績に基づいて売上計上されていることを確認するため抜き取りで作業実績報告等の根拠資料と照合する。
- クレーム台帳を閲覧して，クレーム処理が迅速に経理処理されているかを確認する。
- 営業債権の滞留は顧客クレームを示唆している場合が多いので，売上計上プロセスに瑕疵がなかったか確認する。

③ 本業以外の請負事業や商品売買事業について

- 製造業の発想をベースに作り上げたシステムを適用している場合，計数管理

が不十分になり，不正経理が発生しやすいことを念頭に入れて，形式的な重要性にとらわれない心構えが必要である。

● システム統制を含む内部統制，計数管理，営業担当者へのモニタリング体制において，専業の請負会社や商社等に比べどこが足りないか，基本的なところを業務記述書の閲覧やヒアリングにより把握し，弱点を認識すれば実証手続を実施する。また，会社に対し管理上の弱点の補強を指導事項として要請する。

● 期末・期首の多額な損益関連の仕訳テストや営業データの分析を行い，異常点のある担当者，取引先を洗い出し，重点的に調査する。

● 経営者・役員が積極関与して不正経理する場合は単純な手口が多いため，仕訳テストを実施し，入力者 ID や摘要欄等をキーにして自己決裁入力した形跡はないか，期首・期末の異常な損益関連仕訳がないかを調査し，異常点があれば証拠書類と突き合わせる。

● 取扱い商品とマッチしないような仕入先からの仕入など異常な商流が認識された場合は，取引先に対し不正取引に荷担していないか否かを問うアンケート調査を実施することも検討する。

第3章 業種・事業別の不正パターン　111

エピソード5　あと一歩の踏み込み

＜シーン1＞

　私はサンライズ監査法人に勤務する公認会計士，島田敬一。今年からマネージャーに昇格したこともあり，気持ちも新たに，より責任感をもって仕事に取り組みたいと考えている。

　今日は，清掃業を主たる事業としているクリーン株式会社（以下，「クリーン社」という）の宮崎支店に出張だ。クリーン社はシニアであった時代から主査として担当していることもあり，同社のビジネスの内容は相当程度理解しているつもりだ。今回往査に来た宮崎支店は，地元の優良企業・ナイス産業株式会社（以下，「ナイス社」という）が得意先であり，毎期安定した売上を計上している。われわれ監査チームは監査上のリスクは低いと判断し，定期的な往査は行わず，ローテーションで数年に一度往査する程度である。宮崎支店は，私自身往査するのは今回が初めてである。

　私は，宮崎支店の売上高の大部分がナイス社であることもあり，同社との取引を重点的に確認することにした。監査スタッフと協力し売上取引について証憑突合を行い，特に当期の売上高に関しては，得意先の検収印のある「清掃実績報告書」をほぼ全件確認するよう監査メンバーに指示した。

　監査手続も円滑に進行している。そろそろ講評（支店監査の結果を，支店関係者に説明すること）の準備にとりかかろうと思い，スタッフが作成した監査調書を査閲したところ，何か違和感を覚えた。この違和感を払拭するため，過去に遡って売上取引に係る証憑を追加で確認したところ，ナイス社との取引については，かれこれ10年程度，それぞれ同じ営業担当者の間で取引が行われていたことが判明した。この旨を支店長に確認したところ，「ナイス産業様との取引は，先方からのご指名で，彼が担当することになっているのです。お陰様で多くのご依頼を頂いているので，担当の変更はできないのです。」とのことであった。

　なるほど。得意先からの要望であれば仕方がないか……。と思いつつも，同じ営業担当者が，長年にわたり同じ業務を担当することは，馴れ合いの運用を行う温床にもなり，管理の側面からは好ましいことではないことを説明し，得意先の

合意があれば，担当者交代の検討も重要である旨を助言した。

また，得意先の方から要望があるという営業担当者にも一度直接話を聞いてみたいとも思ったが，時間的な制約もあり，それは叶わなかった。その代わり，ナイス社の経理部に対し売掛金の残高確認を実施するよう要請した。

＜シーン２＞

数か月後，その宮崎支店で架空売上取引が行われていたことを，クリーン社の林監査役から報告を受けた。「何故？　宮崎支店の売上取引に関わる証憑はほぼ全件確認したし，架空売上取引が行われていたはずはない」と私は思った。

しかし，われわれが確認した「清掃実績報告書」の一部は，当社と先方の担当者間の共謀により偽造されたものであった。架空債権についても過去の発生順に，後発の実在の売掛債権の回収額を充当することにより，消し込みが行われていた。

今回の監査法人の要請により，クリーン社の経理担当者がナイス社の経理担当者に直接電話で売掛金残高の確認をしたところ，先方が債務認識していないことがわかり，社内で詳細調査を進めたところ，不正が発覚したのだった。

「清掃実績報告」が得意先との共謀により偽造されていたのだから，通常の支店往査のなかで発見できなかったとしても止むをえない面はある。しかし，もう少し懐疑心を発揮してあと一歩踏み込んでいれば……。帰路のスケジュールを変更してでも営業担当者から直接話を聞いていればその時に発見できていたかもしれない……。

後悔しても仕方がない。これから，不正が発生したときの対応が必要となる。

私は監査責任者であるパートナーと緊急会議の準備を始めることとなった。

＜シーン３＞

後日，クリーン社の関係者から入手した情報であるが，不正経理を実行した営業担当者は，今回の不正が発覚して良かった，と発言していたらしい。

数年前，どうしても月次の売上目標を達成したいとの思いで，翌月に予定していた清掃作業を１か月前倒しで得意先にお願いしたところ，思いもよらず，「実際に作業しなくても「清掃実績報告書」を発行し，売上計上を認める」旨の連絡をうけた。しかし，その代わりに……と見返りを求められた。

当初は少額であることからと思い，先方の要求に応じたが，これが地獄の始ま

りであった。営業担当者の弱みを握ったことをいいことに，日に日に得意先から
の要求が激しくなり，気が付くと後戻りができないほどの架空取引を行ってし
まったという。誰かに相談しようと思っても誰にも相談できず，一人で抱え込ん
でしまい，相当精神的に辛かったようだ。

　営業担当者はこれから罪を償わなければならないが，ずっと心にわだかまりを
もったまま生活するのではなく，罪を償う機会を得られ，精神的な呪縛から解放
されたのではないだろうか。

6 すべての業種に共通して見られる不正パターン

共通的に発生する不正経理パターン	すべての業種において，次の不正のパターンが幅広く見られる。 ☑　場所……本社や事業部，子会社等 ☑　人　……経営トップや役員 ☑　動機……利益創出のため ☑　手口……承認権限者の地位を利用した自己決裁という単純な手口 ☑　規模……比較的多額の不正 手口としては，時に友人や元部下といった仲間が経営している会社等と通じている場合があるが，手間のかからない方法で経理伝票を起こし，自己承認している場合も多い。 また，動機としては，公表済みの会社業績確保のためという場合が多いが，まれに経営難に陥った関係会社を支援するために行う場合や，オーナー経営者が専横して会社資産を横領するケースもある。

　1〜5までは，業種別に会計不正のパターンを見たが，特定の業種に限らず見られる不正パターンがある。その代表的なものは「経営者による不正」および「子会社等における不正」である。

第3章 業種・事業別の不正パターン　**115**

1 経営者による不正

　まず，「経営者による不正」は，取引先と結託して外部証憑を偽装する場合も含め，比較的単純な手口で，回数は少ないが，多額の不正を行う場合が多い。「経営者による不正」として，以下の事例がみられた。

- ●経営者が子会社から遊興目的で資金を引き出し，経営者に対し実態のない貸付金が計上された。
- ●経営者自らが，会社として銀行から融資を受けた資金を，経営者個人の債務返済に充当した。
- ●経営者が，会社の業績目標を達成するため，得意先および仕入先と結託し，直送取引を利用した循環取引を行った。
- ●架空の売上高計上を行うため，事前に取引先に融資を行い，当該資金をもって，架空売上により発生した架空売掛金の回収に充当させた。

　経営者自らの立場を利用した不正は，会社の内部統制を無効化した形で実行され，金額も多額に上るケースがあるため，監査上，十分に留意する必要がある。

　経営者による内部統制の無効化のリスクに対応するため，一般的に会社のすべての仕訳自体を様々な切り口からテストする「仕訳テスト」の手法が用いられる。

　なお，経営者による不正が発覚するケースは，「仕訳テスト」で発見する場合のほか，外部からの指摘，内部通報によるケースが多くみられる。

2 事例研究①

> ⚠ 経営者が架空ファンドを創出し，資金着服！

(1) 事例の概要

●目　的

経営者が個人的金銭欲求を充足するために，架空ファンドを創出し，会社に出資させ，その出資金を着服した。

●具体的手口

代表取締役会長が，友人のファンドマネージャーと結託し，架空ファンドを創出した。会社は，偽造された契約書により，当該ファンドに出資金を拠出したが，資金はファンドマネージャーから会長に送金され，実際に投資運用されることはなかった。ファンドマネージャーからは，投資実体があるかのような虚偽の運用報告書が定期的に会社に提出された。

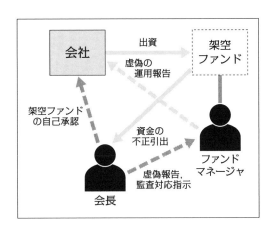

第3章　業種・事業別の不正パターン　117

●発覚の経緯

　初回の出資から 4 年経過後，代表取締役会長が死去。これに伴い，友人の
ファンドマネージャーから，上記の不正の内容が，会社の取締役に打ち明けら
れたことが発覚の端緒である（ただし，取締役は対応方法がわからず，ファン
ドマネージャーには以後も同様の報告を継続するように伝え，会社も以後，虚
偽の運用報告書に基づき出資金の資産計上を行った）。

⑵　会社はどのような内部体制を構築すべきか

　代表取締役会長の専断的行為に対し，取締役会では十分な検討がなされない
まま，ファンドへの出資が承認された。取締役会は，十分なコンプライアンス
意識のもと，代表取締役を含む取締役の職務執行を監督し，ファンドの実在性
の確認およびファンドへの出資の合理性を慎重に検討するべきである。

　また，監査役は取締役の職務執行を監査する（会社法第381条）役割を十分
に果たすなかで，会計監査人とも連携し，ファンドの運用報告書の確認等を行
い，必要に応じて，取締役に行為差止め請求権の行使（会社法第385条）を検
討することが期待される。

⑶　会計監査人による不正対応の監査の着眼点はどこか？

① 　多額の出資金の合理性を確認する。
② 　契約書を吟味し，ファンドの運用方針，解約条項等の内容を確認する（本
　　件では，ファンドの運用方針および解約条項の記載はなかった）。
③ 　目論見書を閲覧し，投資先の詳細な情報を確認するとともに銘柄別運用実
　　績を確認し，出資金の評価の妥当性を検討する。
④ 　ファンドに対して残高確認の手続を実施するとともに，必要に応じて，出
　　資金の運用委託先としてのファンドの業務について内部統制の評価を行う
　　（または，内部統制評価報告書を入手し，内容を検討する）。

　なお，上記の事例は，通常の営業取引のなかでは見られることのない特殊な

事例であると思われるが，経営者の専断的行為により，通常ではない取引まで
実行されてしまうことを示すための事例として紹介した。

3 子会社等における不正

　次に，「子会社等における不正」は，経営者から現場の担当者まで幅広い職階において不正経理が実行されたケースが見られる。

- 子会社の取締役が，得意先および外注加工先の協力を得て，虚偽の注文書および作業完了報告書を発行し，架空売上高および架空仕入高を計上した。
- 海外子会社の上級管理職が，業者口座への不正送金や，コーポレートカードの不正使用により，会社資金を横領した。
- 国内子会社の管理職が，相場商品の取引において，売上高が仕入高を下回る部分について，仕入先から価格調整金を受けたかのように偽装し（架空未収金を計上），利益の過大計上を行った。
- 子会社の営業担当者が，工事請負契約書や完了報告書を偽造し，架空売上高を計上した。

4 ┃ 事例研究②

> ⚠ 子会社社長が業績達成のため発注業者と結託して架空売上計上！

(1) 事例の概要

●目　的

　第三者割当増資により子会社となった，除染作業を営む会社において，社長が業績達成のため発注業者に協力要請して売上の前倒しおよび架空計上を行った。

●具体的手口

　子会社社長が管理担当取締役と通じて，未完了作業または架空作業について虚偽の「検収書」の発行を発注業者に依頼し，それに基づき売上高の前倒計上および架空計上を行った。

●発覚の経緯

　会計監査人のもとに内部告発文書が届いたのを機に，売上計上されている特定の地域を現場視察したところ，除染作業がまだ完了しておらず，売上計上の根拠資料である検収書が虚偽のものであることが判明した。

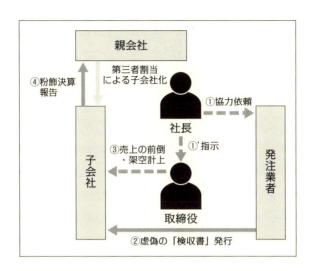

(2) 会社はどのような内部体制を構築すべきか

　本件は，モニタリングするはずの立場の親会社から派遣された管理担当取締役とモニタリングされる側の子会社社長が結託していた。

　子会社の内部統制において，売掛金の滞留調査（架空売掛金の場合，回収原資が用意できなければ滞留する）や入金消し込みの確認（回収期限どおりに全額回収されていない場合は，架空売掛金の回収原資が不十分である可能性がある）をする。

　除染作業の売上高計上に際しては，検収書のみならず，作業実績表や検査完了報告等，実際の作業が完了したことを証明できる資料と照合の上，売上高を計上する仕組みを構築することが重要である。

(3) 会計監査人による不正対応の監査の着眼点はどこか？

　検収日と実際の納期（完了日）とが異なる可能性があることを念頭におき，期末日における多額の売上高計上や滞留売掛金のある案件については，作業実績表や検査完了報告等，現場で作業状況が把握できる資料や管理資料と照合す

る。会社に当該資料がなければ，整備，運用する指導を行う。

案件ごとの損益率，期末前後に急増した売上高および仕入高など異常点分析を行う旨を親会社に指導するとともに，監査人自らも確認する。

第3章 業種・事業別の不正パターン **123**

5 監査のポイント（詳細）

☑ 経営者による内部統制の無効化に対応する監査手続としては，基本的に仕訳テストが有効である。次に示すようなポイントに留意し，会社のデータ構造に照らして効率的・効果的に異常取引を抽出する。

▶仕訳テストのキー項目◀

次のようなキー項目について，一定期間あるいは期末前後を対象に，件数や金額，平均金額を集計し，着眼点に留意しながら異常な担当者，取引先，経理仕訳がないかを調べる。事務的に網羅的に実施するよりも，会社ごとに着眼点を絞って不合理と思える取引を抽出し，ピンポイントで重点的に検証することにより牽制効果が生まれる。

キー項目	着眼点（例）
入力者（コード）	✓ 使用頻度の低い入力者（役員・部長など）がいないか ✓ 通常より少額多量の資材購入・経費入力を繰り返している支店・営業所の営業担当者がいないか
入力日	✓ 休日・時間外に異常な仕訳入力をしていないか ✓ 期末日，締め後に多額売上計上していないか
摘要欄	✓ 通例でないワーディング（言葉）や符号を摘要で使っている取引はないか
業者名（コード）	✓ 個人や関連当事者との取引で異常なものはないか ✓ 諸口コードが特定の個人や営業所で頻繁に使われていないか ✓ 期末にレアな業者に対し多額の売上を計上していないか ✓ 期末月だけ計上が少ない仕入先，外注先，経費先はないか
伝票No	✓ 符号になっている伝票Noがないか（下の桁がXXXXなど）
科目	✓ 通常ありえない仕訳パターンはないか（売上高，仕入高，経費の相手科目が通常ありえない科目になっているなど） ✓ レアな仕訳パターンで異常なものはないか
金額	✓ 承認権限の閾値前の金額を頻繁に入力している担当者はいないか ✓ 翌期首に不自然な赤伝票がないか ✓ 期末創作売上・経費と思われる「丸い数字」の伝票はないか ✓ 業務システムと連動していない売上・仕入・在庫計上はないか

☑ 単に経理仕訳の根拠資料と照合するだけでなく，不自然な部分，たとえば，検収明細がなく「一式検収」になっていたり，入力者が自己承認している伝票，休日の入出金取引など疑問が生じた場合は事実を証する証憑を徴する心構えが肝要。会社側から見て，監査人が何をしたいかが明確に伝わり，形式的なサンプリングテストとは比較にならないプレッシャーを与えることができる。もし，そのような手続について協力が得られないなら，必ず監査役会等に報告すべきである。

☑ 関係会社に往査した際には，売上・仕入・在庫の計上にかかわる内部統制のキーコントロール（不正防止のためキーとなる統制活動）の部分をヒアリング等により把握し，決算月における業務システムと決算計上額との連動を確認することが望ましい。特に売上高の計上が手入力で行われ販売システムと連動していない場合は要注意であり，内部牽制のあり方を指導すべき場合がある。また，期末前後の仕訳を閲覧し，異常な売上，経費，翌期取消仕訳がないかを通査し，単純な決算操作は見逃さないようにすべきである。

☑ 不正の端緒を見つける仕訳データの分析（例）

会社から入手できるデータの情報量にもよるが，仕訳テストから一歩進んで仕訳データの分析を行うことにより異常点を見出すことが可能である。

切り口	検出事項（例）
土日入力を担当者別にソート	土日に資金取引・仮払精算，特定取引先への収益・費用計上をしている担当者 管理本部長が年間1,000件以上仕訳入力（自己決裁→利益操作？）
期末の「000,000」仕訳を担当者別・科目別にソート	営業担当者が見積経費や売上値引を概算計上（創出経費？）
受渡日と売上計上日とが大きくずれているもの	取引先要請で分割請求，売上計上（期ズレ？）
売上取消仕訳を担当者別・取引先別にソート	前期概算計上の取消（架空売上？） （時間外入力が全て横領だったケースあり） 多額の概算計上，精算を繰り返している取引先（期末処理OK？）

第3章 業種・事業別の不正パターン **125**

取引先別売上高，仕入高を担当者別にソート	売りも買いもある取引先と取引している担当者（キャッチボール？）
承認者入力のない仕訳	経理課長が原価差額配分仕訳を入力（自己決裁→利益操作？）
ハンド入力の売上・仕入	期末売上・仕入調整 （子会社で架空売上計上の事例あり）
経費を科目別，支払先別，月別に集計（月次推移）	決算月に経費計上のない相手先（費用繰延？）
ベンフォード分析（上1桁ないし2桁の数値をキーに仕訳の発生件数の分布をとる）	恣意的な仕訳入力（不正経理伝票は人により数字の選択に一定のクセがでる）

6 異常点を抽出するDA（データ・アナリティクス）のポイント

⑴ 入手するデータ

DA（データ・アナリティクス）は，会社からデータを入手して，様々な角度から加工・分析する手法である。

データの種類としてはおおむね次の3通りである。

① 試算表データ（月次B/S，P/L）
② 仕訳データ
③ 販売管理システムデータ

① 試算表データ

拠点別，部署別または連結子会社別にデータを入手していれば，異常な仕訳までは踏み込んで抽出できないが，どこに異常があるかについてある程度見当をつけることができる。データ量としては大規模な会社でも重くなく，通常のBIツール（BIはBusiness Intelligenceの略。会社システムや販売管理システムなどのデータをとり込み，分析し，図表化するツール）を使い，分析が可能である。

② 仕訳データ

会社によりデータ構造とデータ量は様々である。大企業では売上データは月ごとのバッチ処理になっている場合が多い。すべての取引を仕訳に取り込んでいる会社もあるが，相当重く，通常のPCでは処理しきれない。中規模程度の会社で売上がバッチ処理になっている場合は，①と同様BIソフトで仕訳テストを含む様々な分析が可能である。

通常は，次のような項目が含まれており，それぞれの項目をキーにソートや

集計を行うことにより，分析が可能である。

> 日付／伝票 NO／適用システム／部署／勘定科目／金額／
> 相手勘定科目／取引先／伝票入力者／承認者／摘要

　仕入や経費については，すべての取引が仕訳入力されており詳細な分析が可能な場合がある。

③　販売管理システムデータ

　通常はデータ量が膨大で通常の PC では処理できない。一方で，②の仕訳データにはない次のようなデータ項目をもっている。

- 売上先，仕入先
- 出荷倉庫
- 商品，製品，サービス業務内容
- 数量，単価
- 出荷日，売上計上日
- 担当者，入力者，承認者

　営業担当者別に得意先ごと，商品ごとの詳細分析や売上取消等の異常点分析が可能である。

⑵　基本的な手法

　入手するデータの種類やデータ項目の違いによって，分析範囲や内容は大きく異なってくるが，DA の手法としては基本的には次の３つを押さえておけば，おおむねカバーできる。なお，ここでは入手データとして試算表データと売上をバッチ処理している仕訳データを前提としている。

　　①　散布図分析
　　②　トレンド分析
　　③　棒チャートによる集計

① 散布図分析

2項目間の関係性に着目して異常点を導き出す手法である。

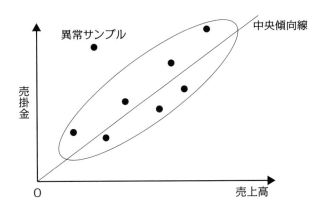

上記は営業課ごとに売上高と売掛金の金額を集計して，営業課をサンプルとして散布図に表わしたものである。ある課だけが突出して売掛金の回転期間が長いことが一見してわかる。BIソフトではさらに地域別やセグメント別に色分けして表示でき，さらに傾向線もそれぞれで表示できることから，興味深い分析が可能な場合がある。

散布図は主として次のような2項間の項目の分析に適している。

分析項目	着眼点
売上 – 売掛金	●滞留売掛金はないか
売上原価 – 在庫	●滞留在庫はないか
仕入 – 買掛金	●支払サイトの異常はないか
売上 – 使用資金	●使用資金（売掛金＋在庫－買掛金）の回転期間が長くなり，循環取引の可能性はないか （商社などでは有効な分析）
売上 – 発送運賃	●特殊な契約はないか ●売上の架空や繰上計上はないか
在庫 – 保管料	●特殊な契約はないか ●架空または水増し在庫はないか

売上−売上値引等 仕入−仕入値引等 売上値引等−仕入値引等	●特殊な商流になっていないか ●キックバックなどの着服の可能性はないか
売上−諸経費（主要費目）	●特殊な契約ないか ●異常な経費支出はないか

　散布図のタテ・ヨコの分析軸をどうとるかは，会社ごと商流ごとのビジネスの理解の上に立った研究が必要である。

② トレンド分析

　ある1つの項目について時系列で推移をとり，異常点や傾向値を抽出する手法である。

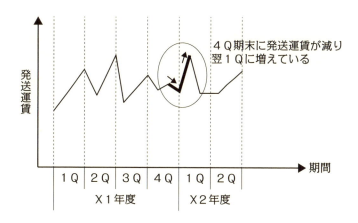

　上記はある営業課について発送運賃の月次推移を見たものであるが，期末月に売上が増え，発送運賃も増えるのが通例であるのに，そうなっていないことが一目瞭然である。BIソフトではすべての課の一覧表示も可能だが課ごとに個々の分析画面をワンタッチで切り換えられるので，課別分析や担当者別分析，セグメント別分析など容易に実施可能である。それにより，ピンポイントで異常点に迫ることができる。

　何月のどの課のどの科目かが特定できれば，あとは異常と思われる仕訳の抽

出を行うだけである。

トレンド分析は連結子会社の月次ないしは四半期の B/S, P/L データを入手すれば連結ベースでも展開できる。

主として次のような事象の分析に適している。

分析項目	着眼点
売掛金回転期間 在庫回転期間 買掛金回転期間	●滞留売掛金が増加していないか ●滞留在庫が増加していないか ●買掛金に異常な増減はないか
使用資金 (対売上高比率)	●循環取引の可能性はないか（徐々に使用資金が増えていくケース）
発送運賃 保管料 諸経費	●異常な増減を示す経理操作はないか
売上値引率等 仕上値引率等	●異常な増減を示す経理操作はないか

これらの分析をどの項目でどのメッシュ（課，担当者，地域，セグメント）で実施するかは，効果的な分析を行う上で重要であり，会社ごとにカスタマイズする必要がある。

③ 棒チャートによる集計

データの件数や金額をデータ項目（フィールド）の区分ごとに集計し，異常点の有無を把握する手法である。

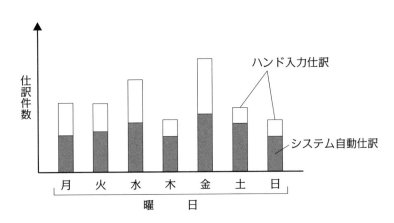

第3章 業種・事業別の不正パターン 131

上記は曜日別に仕訳件数を集計したグラフである。

土曜日と日曜日にシステム自動仕訳ではなく，ハンド入力仕訳があることがわかる。決算繁忙期に休日出勤して仕訳入力するケースがほとんどと思われるが，なかには売上訂正の仕訳などが紛れ込んでいる場合がある。さらに仕訳入力者を区分表示すれば上級管理者による仕訳入力など詳細をつかむことができる。

棒チャートによる集計は主として次のような分析に適している。

分析項目	着眼点
担当者別の日別・曜日別・時間帯別仕訳入力	●異常な仕訳を入力している担当者はいないか
売上高の月別計上	●期末日前後の売上の異常計上はないか
ベンフォード分析	●ベンフォード分析（仕訳金額の上1桁ないしは2桁を属性として仕訳件数を集計）により，恣意的な仕訳入力を繰り返している部署，担当者はいないか

⑶ より高度な分析

売上取引も含めたすべての取引データを保持している ERP システム (Enterprise Resource Planning，会計・販売管理・生産・人事などの基幹業務を統合的・一元的に管理するシステム) や販売管理システムからデータを取り込む場合は，より高度な分析が可能である。

前述「⑴入手するデータ③販売管理システムデータ」の項で記載したように，入力される情報量が多いためさらに踏み込んだ分析が可能である。

例えば，次のような分析の切り口が考えられる。

☑ 商社において1つの種類の商品の仕入先は通常1社であるが，複数社から仕入れていないか。

☑ 同一の営業部署で仕入先でもあり，売上先でもある取引先がないか。

☑ 翌期首に売上取消の多い売上先はないか。

- [x] 売上単価が大きく変動する商品はないか。
- [x] 商社から仕入れ，商社に売っている商品（メーカーから仕入れ，ユーザーに売るのが通常の商流）はないか。
- [x] 出荷日と売上計上日が大きくズレている売上取引はないか。
- [x] 概算計上を繰り返している売上先はないか。
- [x] 名義変更が頻繁に行われている在庫はないか。
- [x] 在庫金額が急増している預け在庫はないか。
- [x] 期末日付近で工事原価が急増している長期工事はないか。

　業種別，会社の特性別に不正の機会の所在は異なっており，眼のつけ所も異なってくる。また，入手できるデータの特性によって適用できる分析の切り口も異なってくる。これらの点に留意する必要がある。

　なお，将来的には AI によるスマートフォンの通話記録などのビッグデータを活用した捜査プログラムの適用も想定されるが，ここでは触れていない。

第3章 業種・事業別の不正パターン　133

エピソード6　目力（めぢから）の告発

＜シーン1＞

　僕はサンライズ監査法人マネージャー2年目の公認会計士，今村真治。臨時で設定した3日間の営業所往査の最終日を迎えているのだが，いま，とても焦っている。発信者不明の内部通報があり，特定の営業担当者による，特定の相手先への架空売上が計上されているとのことなのだが，後輩の中野シニアと2人がかりで，帳簿（得意先元帳）をみても証憑（納品書控え，請求書控え）をみても，どれが架空売上なのか，全くわからない。

　営業所長は，先ほども監査現場である会議室に顔をだし，内部通報のあったことを知ってか知らずか，早くも，帰りの新幹線の時刻を気にかける発言をしている。焦りは，さらに増幅する。せっかく，内部通報の対象となった営業所まで往査に来ているにもかかわらず，架空売上計上を発見できなかったとなると，何のために来たのか，ということになる。本日最終日の午後4時に予定されていた講評会（監査結果報告会）の時間まで，あと1時間に迫っていた。

　そこに，経理担当の女性が，僕たちのいる会議室に，今日も午後のコーヒーを運んできてくれた。

　「ありがとうございます。私はブラックで。あっ，もう，覚えていただけたのですね。」

　「今日で3回目ですものね。でももう，最終日なのですね。監査していただいているなかで，何か，気になるところはありませんでしたか？」

　「それが，なかなか，見つからないのです。本来なら，見つけなければならないのですが。（あっ‼）」

　僕は焦りのあまり，つい，本音の言葉が出てしまった。

　経理担当の女性は，そんな僕の心の内を見透かしたかのように，僕の顔を覗き込むように，

　「請求書控えのなかに，何か不自然なものは，ありませんでしたか？」

とだけ言い残し，コーヒーを載せていたお盆をたてに持ち替え，失礼しますの挨拶とともに，親指と人差し指で，やや縦長の丸をつくり，目力（めぢから）のこもる笑顔を残し，会議室を出て行った。

「おい，中野！　今の聞いたか？！」

「はい‼　請求書控えを見ろ！　という意味に聞こえました！」

「ようし，残りの時間，片っ端から，請求書控えを見ようじゃないか‼」

　僕は，2月分と3月分の請求書控え綴り，後輩は，12月分と1月分の請求書控え綴りを分担した。請求書控えは，取引1件ごとに，①売上伝票，②納品書，③納品書控え，④請求書，⑤請求書控え，⑥受領書が6枚複写で販売管理システムから出力される帳票の1つである。

　1か月分でも厚さ30センチにも達しようかというくらい，膨大な量だ。僕たちは藁（わら）にもすがる思いで，壁際の長机に並べられ，積み上げられた請求書控えを，矢のようなスピードで，それでいて，穴のあくほど，集中力を高めて，吟味した。

そして！

　3月分の請求書控え綴りをめくっていくなかで，何か，違和感のある残像が目に留まった。何枚かの請求書控えが他のものと何かが違う。相手先，商品名，数量，単価，金額か？　納期か？　いや，そうではない，担当者か？　それも違和感の原因ではない。

　いや，それらには違和感はない，でも，何かが違う。

　そんななかでも僕は，不謹慎にも，経理の女性の目力（めぢから）のこもる笑顔とやや縦長に丸められた指先を思い浮かべていた。最終日の残された時間，その自分の一瞬の違和感を信じ，もう一度，違和感を覚えた請求書控えをほかのものと見比べてみた。

すると！

　違和感を覚えなかった請求書控えは，紙面の右上に12ケタの請求書番号20190331□□□□の下4桁が通常の数字で記載されているのに対し，違和感を覚えた請求書控えは，下4桁が0000と記載されているではないか！

　それも，特定の営業担当者（A氏）による特定の得意先（B商事）についてである。

念のため，Ｂ商事に対して送付された，3月分請求明細書の内訳を閲覧した。8枚にもわたる請求明細書には，1件ごとの請求内容がリストアップされていたが，請求書番号の列のなかで，下4桁が0000となっているものは請求明細書に全く記載されていなかった。

会計上は，売上高計上されているものの，実際にＢ商事に請求された証跡がない！

「12月分と1月分の，Ａ氏によるＢ商事向けの請求書控え綴りを探してみろ！」

「はいっ‼」

「先輩！　12月31日について，「201812310000」が8枚，見つかりました‼」

＜シーン2＞

3日目最終日の講評会は，予定時刻を1時間遅らせて5時に開始した。講評会は，監査法人側の僕と中野が1つの長机に隣合わせで着席し，営業所の皆さんは，営業所長をはじめ，僕たちと向き合う形で，副所長，次長，各部署担当者の方々を含め，総勢50名が，5列になって，各自パイプ椅子に着席され，その最後列の左隅に，あの経理担当の女性も着席していた。

僕たちは，講評の場で，請求書控えの0000について内容を説明し，追跡調査を営業所長に要請した。開始当初は，にこやかだった営業所長は，説明の途中から，顔色が青ざめ，50名の営業所職員もところどころで，ざわめきが起こりはじめた。

ただ，経理担当の，最後に親指と人差し指で丸をつくってくれた女性だけは，僕の説明の最初から最後まで，一つひとつ，言葉を確かめるかのようにうなずきながら，あの目力（めぢから）でずっと僕を見つめていた。

第4章

不正経理を防止・早期発見するためには？

　不正経理を防止または早期発見するためには，どのように対応すればよいのであろうか。本書でみた数々の不正事例を踏まえて，会社として，監査人として，それぞれどのように対応すべきかについて，改めて考察し，総括したい。

1　会社はどのように対応すべきか

　不正経理を防止するためには，会社がどのように対応するべきかについて，(1)経営者の取組み姿勢，(2)ビジネス・リスクの理解，(3)不正リスク対応のための内部統制の構築，(4)支店・営業所，子会社の管理，(5)関連会社への対応の観点から検討する。

(1)　経営者の取組み姿勢

　会社の不正経理を防止する上で最も重要なのは，何をおいてもまず不正に対する経営者の考え方・姿勢である。経営者が業績達成を最優先する考え方をもっていれば，組織全体が業績最優先の風潮となる。経理操作を防ぐ内部統制の構築は後回しになるであろう。過去の実例では，不正経理のうち半数は経営者自身によるものである。不正経理の動機として，①業績目標達成目的，②自己の利得目的の2つが挙げられる。

　①業績目標達成目的は，経営者自らが架空売上などの不正伝票の入力を作成，ないしは指示し，自己決裁するようなケースである。業績未達の場合には，安

易に取引の仮装や帳簿の操作に手を染めるのではなく，経営者として当期未達の原因を適切に分析し，翌期以降の事業計画において実効性ある改善策を示し具体的な行動を起こすことで手腕を発揮し，投資家や金融機関，取引先の理解を得ることが重要である。

また，②自己の利得目的は，自分の知人や自分が支配している会社に資金の貸付けや商品の販売，架空経費の支払いなどを行い，資金や商品の横領を行うといったケースである。会社は，社会的な貢献を果たす存在であり，たとえ創業時や業績低迷時に，会社と一身同体となり経済的にも命運を共にし，従業員からは推し量れない苦労があったとしても，経営者が自己の不当な利益のために会社を利用したり，私物化する対象ではないという信念を貫いていくべきである。

経営者の社会的責任に対する意識が希薄であると，ガバナンスのあり方も内部統制の構築も不正防止の点からは弱体化する。経営者が，短期的な利益を追求するあまり，退職による空席に後任を補充せず業務分掌が崩れたり，内部監査部門に十分な要員を配備しないことにより内部監査制度が有名無実化したり，もしくは管理責任を果たすべき上席者が営業活動に注力して担当者に業務を一任する結果，何年もの間，担当者不正が発見されなかったり，といった事例は，枚挙にいとまがない。

雇用情勢等の問題により十分な人材が確保できない場合には，システムの中に自動チェック機能を搭載したり，情報を蓄積してデータを分析し，異常値を検出できる機能を装備したりといった対応が望まれる。

経営者による取組み姿勢は，不正経理防止の根幹をなすものであり，以下，(2)～(5)の対応策はすべて，「(1)経営者の取組み姿勢」の基盤があってはじめて成立するものであり，その基盤がなければ，砂上の楼閣となる。

(2) ビジネス・リスクの理解

企業は様々な商品，サービスを様々な地域・文化の会社，人々を対象に様々

第4章 不正経理を防止・早期発見するためには？ **139**

な商慣習，契約形態において取引を行っている。思いもかけないビジネス・リスクが潜んでおり，取引開始後に大きなクレームや係争事件になることもある。特に特殊な取引や新規取引については，商流を十分に理解し，どのようなビジネス・リスクが存在しているのかを，下記の諸項目の観点から，営業担当のみならず管理担当を含めて，情報共有する必要がある。

- ●取引の経済的合理性…取引参加者がそれぞれの貢献度に応じた適正な利潤になっているか
- ●取引の実在性の確認…「もの」の動きを証する証拠書類をどのように入手し，会計処理と結びつけるか
- ●取引先（仕入先，在庫預け先および得意先など）の信用リスクの把握
- ●取引条件（代金決済条件（サイトの長短）等）の異常性の有無確認
- ●特約条項…顧客クレームや売れ残りに対するリスク分配，ミニマム・ロイヤリティなど

⑶ 不正リスク対応のための内部統制の構築

ビジネス・リスクの所在を前提として，どの部分に不正リスクが存在するかを見極める必要がある。「もの」の動きを証する資料に基づいて売上入力する仕組みが担保されていなければ不正経理は容易であるし，得意先に信用不安があれば売掛金が回収不能になり，それを隠すリスクがある。また，売れ残りのリスク分担を正しく会計処理しないリスクが出てくるなど，ビジネス・リスクの所在と経理不正リスクはある程度連動している。

したがって，会社は商流ごとのビジネス・リスクを正しく把握し，経理不正につながらないように内部統制を構築する必要がある。

一言でいえば，現物管理，入出金管理，記帳および承認手続の業務分掌による相互牽制機能を確立し，内部監査部門により当該内部牽制機能をチェックするということになるが，商流ごとに不正発生機会と不正発見防止のためのキーとなるポイントを見極めることが大事である。

⑷　支店・営業所，子会社の管理

　不正発生の場所別では，支店・営業所および子会社が約半数を占めている。支店・営業所，子会社での不正対応の管理を有効に行うためには，まずは，支店・営業所および子会社における業務フローを把握し，上記⑶に示したような内部統制の構築と改善のための指導を行う。必要に応じて現場に行き，現金預金，在庫や設備の現物を直接確認し，管理責任者のみならず，現場担当者にも業務状況のヒアリングを行い，適宜，関連帳票を確認する。特に，商品の返品等の例外事項が発生した場合の具体的な対応を把握し，適時に適切な処理が行われているかどうかを確認することが重要である。

　また，子会社が，出資設立ではなく，買収で獲得した場合には，事業や組織風土も異なり，商流の理解も容易ではない状況も想定される。その場合には，聖域化させてしまうのではなく，より深く子会社のビジネス，組織，内部統制を理解し，必要に応じて改善を図ることが重要である。

　支店・営業所および子会社の内部統制については，次のような基本的な事項についてチェックする必要がある。

- ☑ 営業担当者が出荷報告書等のバウチャーに基づいて自分で売上計上していないか。
- ☑ 工番ごとの原価配分を進捗管理表等に基づいて営業担当者が行っていないか。
- ☑ 工場や事業所で消耗備品・資材等の購入の発注者と検収者が同一人になっていないか。
- ☑ 購買担当者が在庫の受払管理や棚卸データの入力を行っていないか。
- ☑ 営業責任者が売上明細等に基づいて売上伝票を起票していないか。
- ☑ 経理責任者が現金，預金，有価証券等の現物管理をしていないか。
- ☑ 経理責任者がコーポレート・カードを使用したり，小切手を切ったりして直接金銭同等物を扱っていないか。
- ☑ 棚卸表の集計を手作業で行っており，任意に修正できるようになっていな

いか。

☑ 物流証票によらないで売上計上ができる場合がないか。

☑ 上長の承認なく売上のマイナス伝票が入れられていないか。

(5) 関連会社の対応

　関連会社とは，会社による出資割合（持分割合）が20％以上50％以下の場合であるなど，会社が，取引，財務，人事等に影響力を及ぼすことのできる当該他の会社のことをいう。

　関連会社は子会社のように出資割合（議決権割合）が50％超に及ばない点で支配力がないことから，その不正対応の管理を有効に行うためには，比較的制約があるものと考えられる。

　ただし，関連会社は，持分法の会計処理により，当期利益および純資産のうち，持分割合に応じた部分が，連結財務諸表上に反映されることになり，関連会社の規模によっては相当の金額的影響がある場合もある。

　そのため，会社は必要に応じて，関連会社の他の主要な株主と連携を図るなどを通じて，子会社に準じた管理を行うことが望まれる。

2 監査人はどのように対応すべきか

⑴ 100社事例を通じてわかったこと

これまで，経理不正につき，業種別に傾向を識別し，いくつかの不正事例を紹介した。外部監査人である監査法人および公認会計士は，これら経理不正にいかに対応すべきであろうか。

まず，経理不正とはどのようなものであったか，100社事例の分析を通じて認識できたことは，業種業態，事業類型により様々な不正の手口があるが，不正の手口は無数にあるわけではなく，10通り程度にまとめられるということである。その業種業態，事業類型には，特有の不正パターンがあり，その各々に監査実施上留意すべき点があるということが認識された。

その一方で，業種や事業に偏りなく共通的に発生する不正の手口があり，それは経営者が自己の地位を利用した単純な手口による場合も多く，当該不正に関しては，会計処理の基礎となった現物を確認するなど，監査上，基本的な手続の対応が必要である。

本書で取り組んだ研究成果を積み上げていくことにより，外部監査人のなかに「組織知」が形成され，今後，要点をおさえた効果的，効率的な監査が実施可能となることが期待される。

基本的には，会社の商流を把握し，それぞれに潜むビジネス・リスクを把握し，不正の機会がどこにあるか，それに対し内部統制の仕組みが有効に機能しているかをよく観察し，理解しておくことが大事である。そのような姿勢のなかに監査人として必要な指導性発揮の一端がある。会社のビジネス・リスクおよび不正リスクと内部統制の弱点を把握し，「木を見て森を見ず」といった，特定の部分しか見ない監査に陥らないように心がける必要がある。

また，不正防止発見は外部監査人だけで有効に実行できるものではなく，会社の内部統制やシステム対応，モニタリング・システムといった多面的な対応

が必要である。監査法人として，内部統制の弱点解消や内部監査の実施，データ利用監査の環境の整備などについて積極的に指導性を発揮すべきである。監査役等，内部監査人と外部監査人が密に連けいし合い，不正を発見・防止するという共通のゴールを認識する三様監査が推奨されるべきである。

今後は AI（Artificial Intelligence：人工知能）の進化を監査に取り入れ，RPA（ロボティクスによる自動化技術）による監査調書の自動作成により監査効率が大幅改善されるものと予想されるが，その一方で，公認会計士に対する社会的要請に応えるため，不正リスクに対応した異常点監査を強化すべきである。

⑵　監査人への期待

監査の厳格化に伴い，監査基準委員会報告書に記載されている要求事項を充足するために，ともすれば，監査調書作成に奔走され，一歩踏み込んだ監査手続を実施する余裕が，現実的になくなっているのではないかと危惧される。人材が十分に確保されていないなかで膨大な量の監査手続を遂行していく必要があるといった悲観的な声も聞かれる。そうした場合にこそ，公認会計士としての原点に立ち返るべきであると考える。

Audit の語源は Audio と同一であり，監査（Audit）の本質は聞くこと（Audio）である。それは，監査対象の活動を理解し，不正の機会がどこにあるか，それに対する内部統制が十分かを素早く察する能力である。監査手続として，異常点を把握することなく単に証憑（納品書や請求書など，会計処理の基礎となった取引の事実を示す書類）との照合で終わらせてしまうことのないようにしなければならない。証憑は，偽造されている可能性もある。

特に，本社から目の届きにくい支店・営業所や子会社，商流の理解が容易でない新規事業や非中核事業，および異常な増減を伴った取引や残高について留意する必要がある。

会社のビジネス・リスクはどこにあるのか，それに対応する会社の対応策は十分か，また，もし不正を実行するならばどのポイントだろうか，それに対す

る会社の防止策（内部統制の状況）は十分かを検討し，弱点があるならば，経営管理上の課題として経営者に積極的に改善提案すべきである。そうした指導性を発揮することは，監査リスクの低減につながり，被監査会社からの高い評価を生み，公認会計士としてのやりがいを創出し，ひいては日本経済の健全な発展に資するという社会的貢献の好機にもなり得ると考えられる。

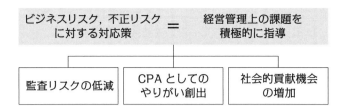

3 不正に関する財務諸表監査の枠組み

(1) 監査基準委員会報告書240「財務諸表監査における不正」

<table>
<tr><td colspan="2" align="center">不正に関する監査基準委員会報告書等</td></tr>
<tr><td>平成 9 年 3 月25日</td><td>日本公認会計士協会監査基準委員会報告書第10号（中間報告）「不正及び誤謬」</td></tr>
<tr><td>平成18年10月24日</td><td>同報告書第35号「財務諸表の監査における不正の対応」（平成23年12月22日廃止）</td></tr>
<tr><td>平成23年 9 月15日</td><td>日本公認会計士協会会長通牒第 3 号「循環取引等不適切な会計処理への監査上の対応等について」</td></tr>
<tr><td>平成23年12月22日</td><td>日本公認会計士協会監査基準委員会報告書第240号「財務諸表監査における不正」</td></tr>
<tr><td>平成24年12月21日</td><td>企業会計審議会「監査における不正リスク対応基準（仮称）の設定及び監査基準の改訂について（公開草案）」</td></tr>
<tr><td>平成25年 3 月26日</td><td>同審議会「監査基準の改定及び監査における不正リスク対応基準の設定に関する意見書」</td></tr>
</table>

　不正については，監査基準委員会報告書第10号（中間報告）「不正及び誤謬」（平成 9 年 3 月25日）において定義が示され，その後，日本公認会計士協会（監査基準委員会）は，財務諸表の監査における不正への対応に関する実務指針について検討し，平成18年10月24日，監査基準委員会報告書第35号「財務諸表の監査における不正への対応」を公表した。平成20年以降，日本公認会計士協会は，国際監査・保証基準審議会（IAASB）が公表した国際監査基準（ISA）と国際品質管理基準（ISQC）を参考として，品質管理基準委員会報告書および既存のすべての監査基準委員会報告書を新起草方針に基づく報告書に置き換える作業を進め，平成23年12月22日，監査基準委員会報告書240「財務諸表監査における不正」を公表した（監査基準委員会報告書第35号「財務諸表の監査における不正への対応」は廃止）。

⑵　会長通牒第３号「循環取引等不適切な会計処理への監査上の対応等
　　について」

　従来の監査手法では発見できない会計不正が発生するなか，日本公認会計士
協会は，会長通牒第３号「循環取引等不適切な会計処理への監査上の対応に
ついて」（平成23年９月15日）を公表した。これは，「金融商品取引法における
課徴金事例集」（平成23年６月公表　証券取引等監視委員会事務局）において，
課徴金の勧告事案について，いわゆる循環取引に代表される不適切な会計処理
（以下，「循環取引等」という）に係る事案が多々見受けられることから，また，
循環取引等を発見することは困難な場合が多いが，適正意見が付された有価証
券報告書等について，事後的に循環取引等が発覚し，有価証券報告書等の訂正
が頻発した場合は，監査制度自体の信頼性を損ねる可能性があるとの問題意識
から，循環取引等が行われている場合に考えられる監査上の対応等について改
めて整理を行い，循環取引等が疑われる場合において，会員が監査人としてよ
り適切な監査対応をとるように要請されたものである。

⑶　「監査における不正リスク対応基準」

　企業会計審議会監査部会は，金融商品取引法上の開示をめぐり，不正による
有価証券報告書の虚偽記載等の不適切な事例が相次いだ。こうした事例におい
ては，結果として公認会計士監査が有効に機能しておらず，より実効的な監査
手続を求める指摘があることを背景として，不正による重要な虚偽表示のリス
クに対応した監査手続の明確化に向けた監査基準の見直しの審議を行った。そ
の結果，平成24年12月21日，同審議会は，「監査における不正リスク対応基準
（仮称）の設定及び監査基準の改訂について（公開草案）」を公表し，広く各界
の意見を求め，寄せられた意見を参考にしつつ，さらに審議を行い，公開草案
の内容を一部修正，平成25年３月26日に「監査基準の改定及び監査における不
正リスク対応基準の設定に関する意見書」として公表した。

　公開草案に寄せられた意見のなかには，不正の対応については，現行の監査

関連諸基準（監査基準委員会報告書240「不正」含む）で十分カバーしており，改めて新しい基準を設定する必要はないといった内容も寄せられた。それに対して，近時の不正会計事案を受けて，わが国企業の財務諸表の信頼性が損なわれたと考えられる，そのため，基準レベルにおいて不正による重要な虚偽表示のリスク（以下，「不正リスク」という）に対応した監査手続等を明確化することにより，わが国企業の財務諸表が適切な監査を受けていることを国内外に示すとともに，財務諸表を作成する企業側に対して改めて注意を喚起する効果がある，とした考え方が示された。

　さらに，従来の監査基準では，不正による重要な虚偽の表示を示唆する状況等があるような場合に，どのように対応すべきかが必ずしも明確でなく，実務にばらつきが生じているという指摘や，そうした状況等がある時に，監査手続をより慎重に行うべきであるとの指摘があったこと，そのため，監査をめぐる内外の動向を踏まえ，不正リスクに対応した監査手続を明確化するとともに，一定の場合には監査手続をより慎重に実施することを求めるとの観点から，「不正リスク対応基準」が設けられた。

⑷　監査基準委員会報告書および品質管理基準委員会報告書の改正

　日本公認会計士協会（監査基準委員会）では，企業会計審議会から公表された「監査における不正リスク対応基準」を踏まえ，関連する監査基準委員会報告書および品質管理基準委員会報告書について平成25年3月，公開草案を公表し，広く各界の意見を求め，平成25年6月17日に改正を公表した。

　当改正においては，既存の体系を維持したまま，新しい項番号については枝番として設定し，さらに，不正リスク対応基準に対応するために新たに設けた要求事項や適用指針については，項番号の冒頭に「F」を付して，不正リスク対応基準への準拠が求められる監査の場合に遵守が求められる項目であること，および，当該F項目は，不正リスク対応基準への準拠が求められない監査においては，遵守義務はないものの，参考になることがあることを示した。

監査の将来像

1 監査環境の変化

　不正対応に関する社会的要請の高まり，会計および監査のIT（Information Technology：情報技術）化やAI（Artificial Intelligence：人工知能）の進歩を背景とし，また，監査の厳格化に伴う監査手続の増加などの監査環境の変化に対応して，監査のあり方は近い将来大きく変わる可能性がある。

　従来の監査は，(1)財務諸表の適正性に関する意見の表明を目的として，(2)主に財務諸表の残高の検証を中心として，(3)財務諸表の重要な誤謬を発見し修正を求めるといった批判機能の発揮に重点があった。しかし，これからの監査は，(4)不正リスクに対応した監査手続を実施することが適正意見表明の前提となり，そのためには，(5)不正取引（フロー）の検出に重点が移行し，また，(6)不正経理を防止，早期発見するために内部統制改善の提案を行うといった，指導機能

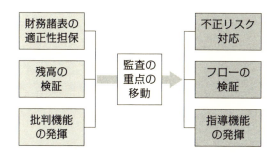

を発揮することが，従来以上に期待される。その期待に応えていくためには，
ITを活用した不正リスクに対応した監査手法の確立が急務となる。

2 具体的な監査実施の局面

(1) 会社の対応

　監査をとりまく社会環境が日進月歩の勢いで変化している。企業活動の記録
のプロセスの多くが，紙面媒体からデータ媒体による業務フローへ移行してお
り，データの処理自体も人手の操作ではなくなる方向性にある。

　具体的には，商取引が「スマートコントラクト(＊1)」により，当事者が合
意した契約内容について事前にシステム入力した取引条件に基づき，取引が実
行（契約内容が履行）される。

　また，EDI（Electric Data Interchange：電子データ交換）」の利用により，
注文書，納品書や請求書など，商取引の中で交換される文書が，紙面文書でな
くデジタル情報としてインターネットを経由して相互に伝達され，ブロック
チェーン(＊2)の技術により，取引の実行履歴は，取引に参加する当事者のコン
ピュータで同一のデータが台帳として保管され，相互に共有される。

　さらに，RPA（Robotic Process Automation：人工知能を備えたソフトウエ
アのロボット技術）により，定型的な事務作業が自動化される。たとえば，当
月分の請求書の内容（請求明細）と，同月の納品情報とを照合し，合致を確認
できた場合に支払手続を行うというように，人手の業務は，RPAにより自動
的にかつ，正確に行われることとなる。

（＊1）スマートコントラクト
　　　スマートコントラクトとは，取引相手との間で，事前に取り交わされた条件が
　　満たされると，契約内容を自動的に実行することをいう。ここでの契約は，書面
　　上で作成された契約のみならず，契約に基づき実行される取引行動をも意味する。
（＊2）ブロックチェーン

第5章 監査の将来像　151

インターネット上で，トランザクション（取引をデジタル情報として登録したもの）は，複数とりまとめられ「ブロック」という形式でパッケージ化される。次の「ブロック」は1つ前のブロックとの関連性データを埋め込まれることにより，ブロック同士は鎖状につながれるが，一部を改ざんすると不整合がおこるため，改ざんができない仕組みになる。ブロックチェーンで取引を記録する場合は，取引データがネットワーク上で確認することができ，取引関係者全員が取引記録の正当性を検証し，合意することにより有効化されるため，不正や誤謬の排除にもつながる。

(2) 監査人側の対応

これに対し，監査人は，紙の資料の提供を受けるかわりに，ブロックチェーンのデータストックから会社の取引データを収集し（もしくは収集するシステムを構築し），取引データの照合や分析を行うことで，異常な取引を特定する手法に変わっていき，監査証跡も大きく変容していく。

また，会社の財務情報および非財務情報も含めたビッグデータを入手し，AIが比率分析資料を作成し，異常を検知する。たとえば，販売管理データで売上計上されているにもかかわらず，在庫管理データで当該在庫の引き落としがされない場合は，その売上計上にはアラームが発信される，というものである。

さらに，インターネット上で残高確認手続のプラットフォームを設定し，債権・債務データの共有化を図る。この場合，紙面による残高確認書の郵送といった従来業務は不要となる。

今後の監査人の業務として，会社が不正対応システムを構築する場合に，分析に必要なデータの選択について指導性を発揮し，かつ，不正経理を発見する監査手続をデザインする能力が重要となると考える。

エピソード7　未来の扉

　以下の記述は，事実に基づくものではなく，あくまで想像上の監査現場の将来像である。

　時は20XX年，遠くない未来。

タミー：牛乳が届きました。

　新之助は，宅配便の到着音で目が覚めた。家政婦ロボのタミーがドローン宅配便の到着を知らせたのだ。

新之助：ああ，そういえば冷蔵庫の中の牛乳が残り僅かだったな。

　20XX年の進化した冷蔵庫では，EDIで冷蔵庫内の情報とスーパーマーケットの基幹システムが連動しており，庫内の食料品の在庫が少なくなると，冷蔵庫が検知して自動発注を行うのだ。

EDI（Electric Data Interchange）について

　20XX年の未来では，BtoBのみならずBtoCおよびCtoCといった，あらゆる取引が専用の統一化されたインターフェース上で成立することとなっている。小売業などでは商品の売上や在庫情報のデータを仕入先と共有することにより，リアルタイムでの受発注で欠品による販売機会の逸失を防ぎ，また無駄な在庫を生まないように工夫されている。

新之助：タミー，今月のSmart Contractによる決済内容を教えてもらえる？

タミー：はい，今月私が決裁したのは，猫の餌3,500円，自動掃除ロボの付属品2,000円，電子書籍1,200円です。Smart Contract用普通預金残高は残り134,251円です。

新之助：そんなに使われると今月厳しいなぁ。マニュアルによる決済基準額を3,000円に引き下げてくれる？

タミー：猫が餓死してもいいのですか。口座の残高が100,000円を切ったら，定期預金を解約して口座に入れておきますね。

Smart Contractについて

　ブロックチェーン技術の発達により，契約の実行履歴が全て記録・把握されて信用情報が透明化され，契約がプログラムによって機械的に認証を行う。人間の買う意思に対して販売の意思を自動で行う「自動販売機」がその起源とも言われているが，Smart Contractでは，買う意思も自動（人工知能）

> 化されている。

新之助：あぁ，もう行かなくっちゃ。

　新之助は，パンをくわえたまま外に飛び出した。

　20XX年の日本では，車の自動運転技術が進化して車の交通量が莫大に増加してしまった。車両に搭載された数千万件のGPSの記録，交通調査を活用したビッグデータの分析によるシミュレーションシステムに基づいて，渋滞の発生しない適正車両総数が算出され，車両の総量規制がかけられている。

> **ビッグデータについて**
> 　ビッグデータとは，巨大で複雑なデータ集合の集積体をいう。大規模データの分析によって，ビジネスの傾向の発見，複雑な物理シミュレーション，遺伝子の解析，道路交通状況の傾向分析など多岐にわたる活用が見出されている。

　そのため，滅多なことでは車に乗れないようになってしまった。新之助は電車通勤である。

　「ピッ」

　新之助は改札に手をかざすと，改札の扉が開いた。新之助の手にはICチップが埋め込まれている。手に電車の定期券の情報が埋め込まれているのである。定期券の購入は，もちろんSmart Contractにより毎月自動購入されている。

> **ICチップによる個体認識について**
> 　ICチップによる個体認識は，先端技術を活用した個人の識別方法で，法令により，誕生時にICチップの埋め込みが強制されている。ICチップは，消えない，取り外せない，人の一生にわたって有効という特徴がある。人間の個体識別は，本人確認の手段，免許・資格情報の識別，公共交通機関の乗車証，犯罪の履歴情報，遺伝子情報の管理等のために使われている。

　新之助は，オフィスビルに入った。オフィスビルには，サンライズ監査法人と記されている。

　「ピッ」

　オフィスビルのロック解除も手のICチップをかざすことにより行われている。新之助の職業は，公認会計士である。公認会計士試験はいまや超難関国家試験と言われ，合格率は0.3％と狭き門となっている。過去，合格率が20％近い時代も

あったようだが，人工知能の活用，不正モニタリング機能の向上により，監査法人で監査を行う人手があまり要らなくなってしまったのだ。過去，監査法人は労働集約型産業と言われていた時期があったが，現在は先端技術システムを活用した装置産業となっている。試験科目の1つに，情報工学論が追加されている。なお，公認会計士試験は人工知能が採点するため，試験日の翌日に合格発表がある。

新之助：おはよう。

監査ロボ：おはようございます。今日は往査に出かけないのですか？

新之助：今日はクライアントとVR（Virtual Reality：仮想現実）会議だよ。

監査ロボ：この時期のクライアントとの会議は，報酬交渉ですね。

新之助：昔は責任者，公認会計士，公認会計士以外のスタッフ別の工数を見積もって監査報酬を決定していたようだよ。今は，人手はほとんどかからないので，人手の工数の報酬に占める割合は少ないね。

監査ロボ：クライアントの基幹システム自体に不正検知プログラムが実装されているものが今は主流ですからね。ブロックチェーンによる得意先残高との照合もクライアントで簡単にできるうえに，先端技術を活用した内部統制が昔に比べてレベルアップしていますね。

新之助：そうだね。でも，先日，他の監査法人の人から聞いたんだけど，不正検知プログラムを解析して，その不正検知プログラムでは検知できない不正取引の提案やデータの生成を行う人口知能プログラムがあるらしいんだ。それらを開発しているAIベンチャー企業があるらしいよ。

監査ロボ：そんな事業を行う会社があるのですね。いまや，多くの企業が，契約書や請求書などの紙の原始証憑を人工知能が読み取り，不正取引の有無がないかを確認して承認をする。もしくは，原始証憑が電子データの場合は，電子データを人工知能が読み取り，不正取引の有無がないかを確認して承認していますね。

● 原始証憑が紙の場合

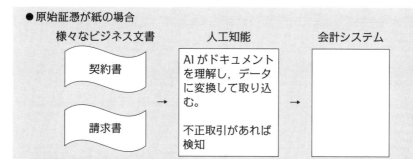

● 原始証憑が電子データの場合

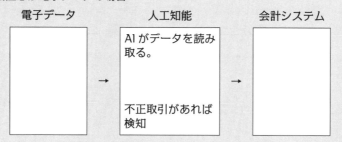

　紙の情報の偽造は人手がかかって大変なので，おそらく電子データのほうのパターンで，不正取引生成プログラムが，会計システムの人工知能では検知できないデータを作成して，それを電子データとして取り込むことで不適切な仕訳を投入するというわけですね。

　会計システムには人工知能が搭載されていて通常でない取引は検知されるはずだから，みんな会計システムを信用していて，誰もそのような「怪しい」データが入っているか確認していないので，データ投入が成功すれば何でもできてしまいますね。

● 原始証憑が電子データの場合

電子データ	人工知能	会計システム

AI がデータを読み取る。

不正取引をスルー

↑

不正取引生成
プログラム

不正取引を検知できない
電子データを作成。

新之助：その AI ベンチャー企業と契約している企業は気を付けないといけないね。その企業をまず特定して，すべての契約情報は電子化されたデータベースで登録されているから，そこからブロックチェーンで検索するような対応を考えるよ。

監査ロボ：それでは，私はいつも通り投入データに基づいて自動で監査調書を作成しておきますね。

新之助：はい，お願いします。何か「怪しい」ものがあれば教えておくれ。

監査ロボ：ピピピッ！　終了。棚卸立会の調書を除いて全科目の調書ができました。異常な項目はありませんでした。

新之助：ありがとう。棚卸立会の調書も，先日飛ばしておいたドローンの棚卸立会記録のデータと照合してくれる？

監査ロボ：ピピピッ！　立会のデータも会社の記録と一致しました。

新之助：ありがとう。今日も定時に帰れそうだな。

里香：ちょっと待って。

新之助：!! 里香先輩。

里香：この会社の売上債権回転期間を見て。回転期間は20か月超となっているわ。この会社の業界の売上債権回転期間は一般的に2〜3か月よ。

新之助：そんなあ！　売上債権回転期間（売上債権÷売上高×12か月）を，なぜ監査ロボが見つけられなかったのでしょうか？

里香：この監査ロボは，ホークアイ3000という分析システムを基に作られていて，回転期間分析が苦手なのよ。前期比10％以内の増減はパスしてしまうから，10％以下の増加を継続して増やしていれば検知できない仕組みになっているの。ほら，これを見て。毎年売掛金が9.9％ずつ規則的に増えているわ。これだと，検知できない。

新之助：そ，そんなあ‼

里香：最近ホークアイ3000の分析の盲点をついた「不正指南プログラム」が流行っているようよ。すでに適正意見を出しているものについても精査する必要があるわ！

監査ロボ：私の不正検知プログラムでは限界があるのかも知れない。

里香：すべてのクライアントの回転期間分析を行わなければならないわ。

新之助：ええ〜っ！　3か月ぶりの残業だ‼

【監修・執筆】

公認会計士　坂井　俊介

【編集・執筆】

公認会計士　安福　健也

【執　　　筆】

公認会計士　桐原　尚志

公認会計士　小林謙一郎

公認会計士　柴田　治朗

公認会計士　前田　真知

公認会計士　吉田　裕志

公認会計士　西村　強（2018年退所）

EY 新日本有限責任監査法人　西日本事業部　不正経理研究会

【編　者】

EY | Assurance | Tax | Transactions | Advisory

EY 新日本有限責任監査法人について
EY 新日本有限責任監査法人は，EY の日本におけるメンバーファームであり，監査および保証業務を中心に，アドバイザリーサービスなどを提供しています。詳しくは，www.shinnihon.or.jp をご覧ください。

EY について
EY は，アシュアランス，税務，トランザクションおよびアドバイザリーなどの分野における世界的なリーダーです。私たちの深い洞察と高品質なサービスは，世界中の資本市場や経済活動に信頼をもたらします。私たちはさまざまなステークホルダーの期待に応えるチームを率いるリーダーを生み出していきます。そうすることで，構成員，クライアント，そして地域社会のために，より良い社会の構築に貢献します。

EY とは，アーンスト・アンド・ヤング・グローバル・リミテッドのグローバルネットワークであり，単体，もしくは複数のメンバーファームを指し，各メンバーファームは法的に独立した組織です。アーンスト・アンド・ヤング・グローバル・リミテッドは，英国の保証有限責任会社であり，顧客サービスは提供していません。詳しくは，ey.com をご覧ください。

本書は一般的な参考情報の提供のみを目的に作成されており，会計，税務およびその他の専門的なアドバイスを行うものではありません。EY 新日本有限責任監査法人および他の EY メンバーファームは，皆様が本書を利用したことにより被ったいかなる損害についても，一切の責任を負いません。具体的なアドバイスが必要な場合は，個別に専門家にご相談ください。

業種別・不正パターンと実務対応

100社事例分析

2019年 6 月10日　第 1 版第 1 刷発行	
2022年10月25日　第 1 版第 8 刷発行	

編　者　EY 新日本有限責任監査法人

発行者　山　　本　　　　継

発行所　㈱中央経済社

発売元　㈱中央経済グループ
　　　　パブリッシング

〒101-0051　東京都千代田区神田神保町1-31-2
　　　　電話　03 (3293) 3371 (編集代表)
　　　　　　　03 (3293) 3381 (営業代表)
　　　　https://www.chuokeizai.co.jp
　　　　印刷／昭和情報プロセス㈱
　　　　製本／㈲井上製本所

©2019 Ernst & Young ShinNihon LLC.
All Right Reserved.
Printed in Japan

＊頁の「欠落」や「順序違い」などがありましたらお取り替えいた
しますので発売元までご送付ください。（送料小社負担）

ISBN978-4-502-30451-4　C3034

JCOPY〈出版者著作権管理機構委託出版物〉本書を無断で複写複製（コピー）することは，
著作権法上の例外を除き，禁じられています。本書をコピーされる場合は事前に出版者著
作権管理機構（JCOPY）の許諾を受けてください。
JCOPY〈https://www.jcopy.or.jp　e メール：info@jcopy.or.jp〉

一目でわかるビジュアルガイド

図解でざっくり会計シリーズ　全9巻

新日本有限責任監査法人［編］　　　　　　各巻1,900円＋税

本シリーズの特徴
- ■シリーズキャラクター「ざっくり君」がやさしくナビゲート
- ■コンセプトは「図とイラストで理解できる」
- ■原則，1テーマ見開き
- ■専門用語はできるだけ使わずに解説
- ■重要用語はKeywordとして解説
- ■「ちょっと難しい」プラスαな内容はOnemoreとして解説

① 税効果会計のしくみ

5つのステップでわかりやすく解説。連結納税制度や組織再編，資産除去債務など，税効果に関係する特殊論点についてもひと通り網羅。

② 退職給付会計のしくみ

特有の用語をまとめた用語集付き。改正退職給付会計基準もフォロー。

③ 金融商品会計のしくみ

ますます複雑になる重要分野を「金融資産」，「金融負債」，「デリバティブ取引」に分けて解説。

④ 減損会計のしくみ

減損会計の概念を携帯電話会社を例にしたケーススタディ方式でやさしく解説。

⑤ 連結会計のしくみ

のれん・非支配株主持分・持分法などの用語アレルギーを感じさせないように，連結決算の基礎をやさしく解説。

⑥ キャッシュ・フロー計算書のしくみ

どこからお金が入り，何に使ったのか，「会社版お小遣い帳」ともいえる計算書のしくみを解説。

⑦ 組織再編会計のしくみ

各章のはじめに組織再編の全体像を明示しながら解説。組織再編の類型や適用される会計基準，さらに各手法の比較まで言及。

⑧ リース会計のしくみ

リース取引のしくみや，資産計上するときの金額の算定方法等，わかりやすく解説。特有の用語集付。

⑨ 決算書のしくみ

貸借対照表、損益計算書，CF計算書の構造から，決算書に表れる大小事件の読み方までわかりやすく解説。

■中央経済社■